高中语文教学探论

基于"问题对话"式研究与实践

詹光平 ◎ 著

暨南大学出版社
JINAN UNIVERSITY PRESS

中国·广州

图书在版编目（CIP）数据

高中语文教学探论：基于"问题对话"式研究与实践/詹光平著.—广州：
暨南大学出版社，2020.6
ISBN 978 - 7 - 5668 - 2914 - 6

I.①高… II.①詹… III.①中学语文课—教学研究—高中 IV.①G633.302

中国版本图书馆 CIP 数据核字（2020）第 092256 号

高中语文教学探论：基于"问题对话"式研究与实践
GAOZHONG YUWEN JIAOXUE TANLUN：JIYU "WENTI DUIHUA" SHI
YANJIU YU SHIJIAN
著　者：詹光平

出 版 人：张晋升
责任编辑：曾鑫华　高　婷
责任校对：张学颖　王燕丽
责任印制：汤慧君　周一丹

出版发行：暨南大学出版社（510630）
电　　话：总编室（8620）85221601
　　　　　营销部（8620）85225284　85228291　85228292　85226712
传　　真：（8620）85221583（办公室）　85223774（营销部）
网　　址：http：//www.jnupress.com
排　　版：广州市天河星辰文化发展部照排中心
印　　刷：深圳市新联美术印刷有限公司
开　　本：787mm×960mm　1/16
印　　张：11.5
字　　数：210 千
版　　次：2020 年 6 月第 1 版
印　　次：2020 年 6 月第 1 次
定　　价：38.00 元

序

"问题"是时代格言，"对话"是意义溪流

郎　伟①

　　本书的作者詹光平是我的学生。二十多年前，在他就读大学时，我给他所在的班级上过文学课。当时詹光平给我留下的印象是朴素低调而又有几分韧性。大学毕业后，詹光平回到家乡，默默地担任乡村语文教师，一干就是九年。以后，詹光平凭着优异的教学才能从乡村的中学调到城市里。再以后，他成了名气不小的中学语文教学名师。前些时日，詹光平来函约我为他的著作作序，希望我能够就中学语文教育及本书的内容提出自己的观点和看法。我欣然答应。原因之一，我们之间有着割不断的师生情谊，学生新著出版，老师理应道一声祝贺；原因之二，詹光平二十年间一直坚守在基层一线从事语文教学工作，他勤勉敬业、善于钻研、敢于求真向善的精神品格打动了我；原因之三，我在高校从事文学教育工作，他在基层长期从事基础教育工作，我们为人师的终极目标都是"以文化人""教书育人"，所谓有着共同的理想和信念，"嘤其鸣矣，求其友声"。

　　我想借此机会谈些自己粗浅的看法。这何尝不是带着"问题"，通过"对话"求取语文教育的真谛呢？

　　从源头来说，人类知识、智慧的形成和对真理的探索，在漫长的历史时期内实际上很多都来源于人与人的沟通、交流和对话。关于这一点，我们在古今中外的文化史上都可以找到典型例证。孔子的"兴观群怨"说、王充的"问

---

　　①　郎伟，宁夏大学副校长，二级教授，博士生导师。宁夏回族自治区优秀教师，2015年获得宁夏首届"塞上名师"称号。兼任宁夏文联副主席、宁夏文艺评论家协会主席。曾获国家级和省部级文学奖十余次。曾担任第六届鲁迅文学奖短篇小说评奖委员会委员、第九届茅盾文学奖评奖委员会委员、全国第十少数民族文学创作"骏马奖"评奖委员会委员。

难"主张、苏格拉底的"催产术式"教学原则、胡塞尔的"主体间性"概念等,都是提倡以对话的形式来教学,而且取得了显著的成效,奠定了对话教学的基础。以古代先哲对话思想为基础,现代以来的对话教学探讨与发展从来没有停歇过。20世纪最早提出对话概念的俄国文艺理论家巴赫金认为,人类情感的表达、理性的思考乃至任何一种形式的存在都必须以语言或话语的不断沟通为基础。被称为"现代对话概念之父"的马丁·布伯认为"存在"并非"我"自身所具有,而是发生于"我"与"你"之间,他指出个体的"我"不应当把他者视为客体而形成"我—它"关系,而是应当建构平等的"我—你"关系,使人与世界、与他人之间构成平等的相遇,这种"我—你"关系和敞开心怀便被称为对话。英国思想家戴维·伯姆认为:"对话仿佛是一种流淌于人们之间的意义溪流,它使所有对话者都能够参与和分享这一意义之溪,并因此能够在群体中萌生新的理解和共识。"我们发现,中外思想家、学者在对话理论方面的表达有着惊人的相似。他们都主张通过对话来探究真理和知识。

在我国的传统教育实践中,尽管众多教育家的教育理念都蕴含对话思想,但没有形成系统的对话教育理论。伴随着改革开放大潮的汹涌澎湃,我国教育领域也掀起了革新的浪潮。中西方对话教学思想被教育界不断提及并尝试运用到具体的课堂教学实践中,教师与学生之间的深度对话与沟通正在成为重要的教与学的路径。然而,我们也应该看到,无论是在理论上,还是在教学实践当中,许多人对对话教学内涵的认识还存在着"窄化"和不到位之处。20世纪80年代之后,以钱梦龙和魏书生等为代表的具有改革和探索精神的教育界专家强烈意识到课堂教学中对话的重要性,在教学实践中探索出了切实可行的教学成果。90年代,教育改革深入推进,西方对话教学理论被译介到中国。中西对话教学的"相遇"与"相融"使得对话教学日趋理性。2001年教育部颁布的《基础教育课程改革纲要(试行)》,从政策层面推动了教育教学改革。新课程改革以来,对话教学方面的大批研究成果不断涌现。在新课改背景下,研究者从不同视角和层面对对话教学展开了研究。带有法规性质的各学科课程标准(实验稿)相继出台,使得对话教学合法化。新课程标准(实验稿)要求教师组织学生开展自主、合作、探究学习,这意味着对话教学发展步入正常轨道。2014年,《教育部关于全面深化课程改革落实立德树人根本任务的意见》把"核心素养"置于深化课程改革、落实立德树人根本任务的首要位置,其成为研制学业质量标准、修订课程方案和课程标准的重要依据。因此,包括《普通高中语文课程标准(2017年版)》在内的各学科新版课程标准都把"核心素养"作为重要的课程标准，并作出明确要求。"核心素养"是对知识与技能、过程与方法、情感态度与价值观三维目标的深度整合。由此，对话教学作为落实"核心素养"的具体方法已经进入新时代。

细读本书，我觉得作为一名中学语文教师，作者有强烈的研究意识和上下求索的精神。具体表现在作者能够不厌其烦而又细致周到地对相关对话理论文献进行认真梳理和研读。他在书中与前人敞开心扉展开对话，并提出自己独特的见解，这本身就是一种智慧性的创造。在教学中，以问题为基点的教学活动无处不在。教学活动作为有生命的活动，不可避免地要进入对话状态。可见，问题与对话在教学中实在是一对难舍难分的孪生兄弟。作者在前人对话教学思想的基础上创见性地提出"问题对话"教学范式，这是本书的一个闪光之处。

本书给我另一个印象是，作者有强烈的问题意识，他以自己敏锐的目光捕捉到语文教学存在的问题。马克思曾经指出，问题是时代的格言，是表现时代内心状态的最实际的呼声。语文教学追求的是工具性和人文性的统一，是培养学生道德人格的重要科目。以对话的理论视野来观照语文教育，使得我们能更深刻地理解语文。语文是一种重要的工具——用来改造世界的工具，语文教育便是让学生掌握这个工具，并具备反思与行动的责任和能力，使学生成为主体进入历史进程，去改造世界，而不是总在世界的边缘徘徊；它是人类文化的重要组成部分，开放而有活力，语文教育不是被动接受这一文化，而应不断发展这一文化。培养语文素养最重要的途径是引导学生阅读名家经典作品。我一直觉得现在的中学生阅读能力堪忧，阅读教学也存在着一些问题。阅读是学生获取知识的重要途径，阅读能力是学生语文素养的重要组成部分，没有阅读就没有语文教学。理论是实践的先导，实践是对理论的验视。本书把对话教学运用到具体实践中。依据"问题对话"式教学，结合语文学科特点，从阅读与鉴赏、写作与交际、梳理与探究、中华传统文化专题研讨等维度开展教学实践活动。我以为，这样的探索和实践是非常有益的。我只是希望，詹光平能够以更加坚韧的精神，以更加开阔的文化胸襟，把对话教学提升到一个更为动人的境界。

是为序。

2020 年 6 月

目 录
CONTENTS

下篇 "问题对话"式教学实践

上 篇

"问题对话"教学范式

第一章　语文课堂教学现状及优化策略

创造始于问题，有了问题才会思考，有了思考，才有解决问题的方法，才有找到独立思路的可能。

——陶行知

当前，社会进入社会主义新时代，人民群众日益增长的对高质量教育的需要和教育质量不平衡不充分的发展之间的矛盾比较突出，教育需要培养学生的学科核心素养，教育需要高质量发展。许多地方的语文教学还存在教学观念落后、教学方式单一、教学资源短缺等问题。因此，有必要从教学环境、教学观念、教学方式等方面重新审视高中语文课堂教学。

一、语文课堂教学现状分析

1. 学习主体地位未落实

学习主体主要指学生，包括学生个体和学生群体。在课堂教学中既要关注处在学生群体中的学生个体的学习过程，还要关心由不同学生个体组成的学生群体形成的课堂氛围。从这个意义上讲，学生主体地位的发挥直接关系课堂教学的效果。研究指出，人们从心理上适应环境主要是通过应对方式实现的。现实中，心理辅导与咨询师资力量薄弱，不能做到一一对应的疏导，甚至完全忽略了必要的心理健康教育。高中生受生活阅历、心理调节、学习负担等方面的影响，往往无法正确应对困难、挫折、压力等方面的问题。长此以往，学生会产生焦虑、压抑、浮躁等不良情绪，同时又易感失去关怀。学生学习兴趣低落，积极性丧失，个体主体地位得不到有效落实，教育教学就会低效，甚至无效、负效。

2. 教学资源严重短缺

一般来说，教学资源由教学材料、支持系统、学习环境组成，甚至包括能帮助个人有效学习和操作的所有因素。可见，教学资源是相互作用、协调运行、静态与动态相统一的有机整体。一方面，教学材料能创造出一定教育价值的信息资源，或者数字化的素材、教学软件、补充材料等信息化教学资料。语文教学活动受时间、空间限制，教师不能完全面向每一个学生，教学显性材料不能有效利用，隐性材料受教育观念、教学方式影响不能很好地发挥作用。因此，显性和隐性的教学材料创造的教育价值是低微的。另一方面，支持系统主要是支持学生有效学习的内外部条件，包括学习能量的支持、设备的支持、信息的支持、人员的支持等。语文教学活动中支持系统作为资源的内容对象与学习者沟通的途径，不能优质实现媒介的功能，从而降低教学质量。此外，教学环境不只是教学过程发生的地点，更重要的是指学习者与教学材料、支持系统之间在进行交流的过程中所形成的氛围，其最主要的特征在于交互方式以及由此带来的交流效果。毋庸置疑，如果学生运用资源开展学习的具体情境受到阻碍，课堂交流频次减少，那么教学效果也不明显。

3. 教学主导作用不明显

教学主导作用主要就教师而言，我们知道在单位时间内对学生产生重要作用的是教师个体。正如米塞阿·马里查所说："教师现在是，将来也永远是任何教育制度的基本因素。"在课堂教学中，教师就是教学活动的主导者，即起教育、指导、引导及辅助和疏通作用。教师不仅要注重学生的主体性，还要充分发挥教师的主导作用。其主导作用主要包括指导、组织、激励。作为指导者，教师在教学中要给予学生创设探究问题的情境，促使学生在愉悦的环境中主动发现问题，从而解决问题。然而，先行课堂管理方式单一、领导力薄弱，教师的指导作用不能得以淋漓尽致地发挥。传统的课堂教学模式存在互动，但大多是师生之间的单向交流，并非师生、生生间的多向交流，教师是主动的，学生是被动的甚至消极抵触的。

二、语文课堂教学优化策略

叶澜认为教学模式是把教学原理、教学内容、教学目的、教学任务、教学过程与教学组织形式理论化的教学方法。教学要素内含教学模式，下面从课堂教学理念、教学原则、教学方法、教学组织、教学激励等方面谈谈语文课堂教学优化策略。

1. 更新教学理念，教育教学活动以学生为中心

教学理念是人们对教学活动的看法和持有的基本的态度和观念，是人们从事教学活动的信念。教学理念指引教学方法和过程，对提高教育教学质量具有重要作用。传统的教学主要沿袭苏联教育家凯洛夫的五环节教学模式，即组织教学、导入新课、讲授新课、巩固新课、布置作业等。这种传统的班级授课制

以教师的"教"为中心，忽视了学生的"学"。当前，社会经济飞速发展，在信息时代学生获取知识的渠道相当广泛，传统的教学观念已不能充分满足学生"学"的需求，难以培养适应新时代、具有创造能力和创新思维的人才。高中生心理成熟水平和思维水平渐趋提高，在相对闭塞的教学环境面前，学生发展受到巨大限制。因此，课堂教学模式的创新要树立以学生为中心的思想，教师要关注学生的"学"。教育教学要注重学生的全面发展，课堂教学做到目中有"人"，而不只是从学科自身价值定位教学活动。同时，教学活动要高效，在单位时间内学生学习结果与学习过程需综合取得最大效益。这就要求教师要经常面对众多学生，时刻反思教学活动，并进行科学的定量与定性的评价分析，从而使课堂教学活动最优化和教学效率高效化。

2. 遵循教育教学规律，把握课堂教学原则

课堂教学必须遵循一定的教学原则，科学的教学原则体现着教育教学规律，制约和指导教学活动，并能有效地提高教学效率。教学原则是动态发展的，学龄段不同，教学模式不同，与之对应的教学原则也不同。高中阶段是学生迈向社会和升入高校深造的重要阶段和关口，社会、家庭对高中生寄予很高的期望。高中生求知欲强烈，自主合作能力强，遇事有个人主见。教学中教师如能"放手"，有效引导，教学会起到事半功倍的效果。根据高中生特点，教学原则应该把握启发创新、循序渐进、平等协调、全面发展的原则。启发创新就是在课堂上利用适宜的教学方法调动学生的主动性和积极性，培养学生的兴趣和爱好，让学生把学习建立在自觉需要的基础上，激发积极的思维活动，不迷信权威，敢于挑战自我和他人，不断培养学生的创新思维和创新能力。循序渐进是既要按照教学内容的深浅程度由易到难，注重知识和能力的生成起点、过程和结果，又要按照高中生的年龄特征由浅入深、因势利导，进而取得好的教学效果。平等协调是依据教学目标，针对学生的个别差异和兴趣特点，采取不同的教学措施，满足不同学生的需求，在课堂上加强交流和对话，让学生"学会"，从而实现均衡协调发展。

3. 采取恰当的组织形式，优化教学方法

教学方法是"教法"和"学法"的统一。教法要依据学法有针对性地确定，但需有一定的可行性，否则不能实现教学目标。教学方法是依赖于教学组织的，只有恰当的教学组织，教学方法才能奏效。在语文课堂教学活动中，学生水平参差不齐，心理状态各异，应根据实际情况选择适宜的教学方法。比如，采取讲授法时应抓住重点，用富有感染力的语言，不断设问激趣，由浅入深，通过讲解、讨论、谈话、讲读、讲演等具体组织形式，系统讲解知识，设

法让学生全程参与、人人参与，达到发展学生思维能力、提高智力水平的目的。当面对疑难问题时，教师在有限的时间内无法做到一一答疑，这时最适宜采取合作探究法。在实施合作探究法时，教师要根据学生的性格、爱好、认知水平将学生分成若干小组，组建小组机构，并按照问题情境创设、问题选择与确定、问题讨论与假设、实践与寻求、验证与结论等步骤，有序组织教学活动，引导学生开展合作探究活动。为检测学习效果、巩固知识、培养能力，还要有必要的训练和实践，可通过课内外的练习、实验、实习、社会实践、研究性学习等以学生为主体的实践性活动，培养学生解决实际问题的能力。在采取训练—实践式教学法时，要体现层次性、梯度感，要考虑学生个体间的差异，保护学生的积极性，让学生有所获。当今处在信息时代、大数据时代，黑板、挂图、模型等传统教学手段在教学中显得力不从心。因此，要依据教学内容和班额场景适时使用现代媒体教学法。这种教学方法以直观、形象、高效见长，为学生的全脑开发、智力培养提供了有效途径。

4. 建立教学激励机制，提高教学效率

在教学中，为调动学生主观能动性，提高课堂教学效率，要利用外部诱因使学生在学习活动中产生内在动力。高中生学习负担重，压力大，容易厌倦。特别是在学生人数较多情况下，部分学生意志力不强，如果不加以适时恰当的激励，久而久之，学生会产生懈怠感。因此，教学激励在明确学生目标、密切师生关系、营造积极向上的班集体氛围中有不可低估的作用。在教学活动中，结合实际情况，一般采取目标激励、角色激励、物质激励、竞争激励、奖惩激励、参与激励、情感激励和示范激励等方法。采用合作探究法时，可以给学生发表观点的机会，尊重每一个学生的意见、建议，使学生以不同的形式参与到学习活动中，从而达到激励的目的。当然，采用教学激励时，可以综合运用多种激励方式，把握激励的时机和频率，尽量避免激励的简单化、机械化。

三、基于阅读教学的优化策略

（一）语文阅读教学存在的问题

1. 教学中"主导"和"主体"关系倒置

现代教学思想"学生为主体，教师为主导"这一命题，所显示的教学观念具有丰厚的内蕴。"主导"和"主体"是辩证统一的，是内因和外因的逻辑关系。在这种思想指导下，教师的"教"与学生的"学"是双边共同活动的过程，两者缺一不可。"学"是活动的主体，"教"是活动的主导，将两者有机结合，最大限度地发挥双方的能动性和创造性，才能充分发挥教学活动的最大效益，达到最佳的教学效果。然而，在阅读教学中，由于班级人数过多，受教学资源、教学条件等限制，往往以教师的阅读体验代替学生的阅读感受。教师与学生的主导和主体地位出现主客体失衡现象，不能产生合作、合力、和谐的"共生效应"。

2. 阅读训练方式单一，思维品质得不到培养

在阅读教学中，"训练"是手段，所有阅读教学活动围绕训练展开；"思维"是内核，通过有效训练达到激活思维、提高思考能力、培养创新能力的目的。"授之以鱼，不如授之以渔。"这里的"渔"就是方法。可见，知识的方法比方法的知识更重要，课堂训练实质就是以知识为载体，教会学生掌握方法，从而达到举一反三、触类旁通的作用。传统教学方法单一、教学手段落后，教师为赶进度不能围绕教学目标设计具有梯度的面向全体学生的问题。对于一些重点、难点、疑点问题也无法组织学生深入讨论、有效探究。此外，在教学组织形式上较为简单，往往是机械地重复训练。这样，学生的创新思维能力和思维品质得不到有效培养。

3. 阅读能力低下，创新精神不强

为适应我国社会主义经济和现代化建设的需要，国家提出了全面实施素质教育的教育改革方案，要求教师要面向全体学生，全面提高学生素质。在知识经济时代，知识和智力资源的开发、利用及创造在国家发展和国际竞争中至关重要，这要求我们在阅读教学中，必须把学生创新能力的培养作为提高阅读素养的目标。创新能力的培养是时代和国情对教育的根本要求，创新占据知识生产和利用的制高点，从而推动社会的快速发展。阅读教学中以创新能力为目标，有利于学生的全面发展。培养学生的创新能力，强调在阅读中培养学生的注意力、观察力、记忆力、理解力、想象力等多种能力的综合运作，创新能力和这些智力因素协调发展、共同提高；同时，在创新的实践中磨炼学生的非智力因素，铸造学生的坚定信念、坚强意志、顽强毅力等品质。因而，创新能力的培养能提高学生的综合素质。此外，通过阅读教学培养创新能力能促进学生个性发展。但现在许多学生疲于应付日常学习任务，其创新意识、勇于探索的精神得不到充分挖掘，在阅读中缺少思考问题的广度和深度，不善于丰富自己的生活经验，没能抓住阅读材料的本质和规律；阅读材料或遇到问题时分析缓慢，判断、推理、归纳迟钝，在极短的时间内不能做出正确的判断；思考和归纳问题缺乏条理、主次不明；不善于根据对象和问题，运用灵活变化的思维角度和方法去认识与处理阅读中存在的问题。

（二）语文阅读教学优化策略

1. 发挥主导和主体作用，准确理解和评价文章

在语文阅读教学中，文本承载着作者的思想观点、情感态度和价值取向。因此，准确、全面理解和评价文本的前提是确定文本的重要内容。引导学生确定文本重要内容时，可以在指导学生通读全文的基础上筛选出有价值的信息，让学生利用丰富的知识理解和评价文本的内容，揣摩作者的创作意图和思想情感。同时，还可引导学生根据自己的兴趣点确定文本重要内容，通过查阅相关资料链接同类知识点达到"作者得于心，览者会以意"的目的，从而获得个性化的理解和感受。如在阅读《祝福》时，小说中环境描写推动了情节的发展，对理解把握小说人物性格和主题具有重要作用，在教学中要引导学生圈点相关信息。小说中写道主人公在人们的祝福声中死去，可激趣质疑"为什么祥林嫂是一位没有春天的女人"，紧扣这一问题调动学生的阅读经验和积累，让学生明白主人公的悲剧命运是由封建礼教和封建迷信造成的（也可以理解成是祥林嫂自身软弱和无奈所致）。这样，面对同一文本可生成不同的主旨和情思。

2. 注重思维品质培养，迅速提炼和浓缩主旨

在提炼文章主旨时要有明确的文体意识，依据文本类型抓住文体特点概括。诗歌要筛选象词和意词，以鉴赏作者的情感态度；小说要侧重确定情节、环境和人物；散文要抓住形散神聚的特点，概括人、事、物、景的特征；戏剧则要通过舞台说明、场景、旁白，概括故事发展的开端、发展、高潮和结局进而把握剧情。《登高》是杜甫的名作，语言隽美、意境深远，充满生活情趣和思想哲理，在鉴赏时要抓住系列典型意象，引领学生通过想象和联想再造意境，从而体会作者伤时忧国、渴望建功立业的情怀；沈从文的《箱子岩》是一篇优美的散文，具有浓郁的乡土地域特色，在品读时要引导学生抓住作者15年前后的见闻和感受，通过比较体悟作者字里行间渗透的微妙感情；在导读张承志的《汉家寨》时，按照"渐进故乡—在故乡—离开故乡"的情节结构，分析自然环境和社会环境的作用，并围绕汉家寨的人、景、事，提炼出坚守是一种姿态、一种勇气、一种决然凛冽的气概的精神主题；《雷雨》以共时和历时相间的手法揭示了封建资产阶级大家庭的矛盾纠葛，学生在理解主旨时要通过周家客厅的布景设置、人物的服饰和语言等舞台说明，在整体把握剧情冲突的基础上揭示"雷雨"的象征含义。

3. 重视学生创新精神培养，填补和推断文章语义

在阅读教学中，文本思想的填补和创新是阅读的核心，同时也是阅读能力的重要体现。学生在面对同一文本，要在准确理解原文的基础上有创见地表达文本内容和思想时，推理显得非常重要。在推理过程中，学生可根据文章的语境、情境结合自身的阅读体验和生活经验再造新的语义；也可以通过推理结果，举一反三由个体文本形象推演出具有共性特点的一类形象。如莫泊桑的《项链》，文章开头描写了路瓦栽夫人的"梦想"，在阅读时要引导学生关注这一"细节"，通过合理推断可总结出她追求豪华生活的心理以及虽身份微贱却热切向往上流社会生活的性格特点。又如，在指导学生阅读《红楼梦》中"刘姥姥进贾府"片段时，通过刘姥姥一进、二进、三进贾府情节，可推理出贾府发展、鼎盛、衰败的过程，并且从中看出普通百姓和封建贵族生活的巨大差别。

4. 善于探究质疑释疑阅读内容，促进和加深对文本的理解

在课堂教学中若教师提问占主导地位，不利于学生阅读思维品质的培养。如果在阅读中能有效引导学生进行质疑和释疑，对培养和提高学生阅读能力具有重要意义。质疑的过程就是发现和解决问题的过程，不应以教师的分析代替学生的阅读实践。教师要充分创设情境，通过文字、图片、视频等形式激起学生质疑的浓厚兴趣，深入挖掘文本的深层意蕴。质疑释疑时可针对文章的重点、难点和热点问题提出，然后组织学生通过小组合作的形式探究和解决问题，促进和加深学生对文本的理解。如有教师在引导学生研读《廉颇蔺相如列传》一文时，学生提出："我觉得蔺相如是一个不讲信用的人，他开始已经约好和秦王换，怎么又把璧送回家，还要别人讲信用。"他刚说完，教室里一片哗然。教师先是一愣，继而肯定了他的看法，并要求其他学生思考他的问题。最后得出蔺相如的做法是为了国家的利益；对不讲信用的人就不能跟他讲信用，兵不厌诈。从这一个例子中我们可以体会到学生的每一个问题都可能转化为一种极有探究价值的资源。所以教师要珍视学生的独特体验，实现评价的民主性。这种探究性阅读教学的基本流程是自主探究—合作讨论—总结评价。但有些教师在实际操作中，没有注重学生的质疑，没有重视教师的引导、指导作用，使原本生动活泼的教学活动变得机械死板，限制了师生创造性的发挥，久而久之造成学生学习兴趣的下降。

语文阅读教学策略还需要在实践中不断完善和丰富，文中有关对阅读教学存在问题的解决途径是依据文本特点提出的，各有侧重，但不能割裂运用。经典文本具有无限的阐释空间，在教学中要综合运用恰当的阅读方法和策略激发学生的阅读兴趣，培养学生的问题意识，有效提高学生的阅读能力和水平。

第二章 "问题对话"式建构路径及理论描述

能作正确理论的人，也会创造。谁想创造，必须学会理论。

—— [德国] 戈特霍尔德·埃夫莱姆·莱辛

一、"问题对话"式建构路径

（一）研究思路

本书试图以"教"和"学"为突破口，以高效教学理论为支撑，结合当前教学中存在的问题，从高效课堂教学理念、教学原则、教学方法、教学组织、教学激励等方面构建能促进学生全面发展、主动发展和个性发展的高效课堂教学模式，并将这一模式在实践中加以应用和推广。

（二）研究方法

笔者主要采用以下研究方法：

（1）文献研究法。文献研究法是一种以证据为基础的实证教育研究方法。① 利用网络、图书、报刊等查阅国内外有关高效教学理论的研究文献，检索并汇总其研究成果，为课题研究提供参考。

（2）比较分析法。比较分析法是通过对高效教学情况的了解，具体分析存在的问题和解决的途径与方法，寻找一条走出困境的教学之路。

（3）实践总结法。教学案例是教学基本状况的真实反映。② 对教师成功的教学案例进行相似归类，将学生学习行为进行科学归类，再根据一定的目标和序列，进行系统归纳、补充、完善，构建"问题对话"式教学。

（4）个案剖析法。个案剖析法是收集典型材料，采用优化整合的方式，对

---

① 肖军. 教育研究中的文献法：争论、属性及价值 [J]. 当代教育理论与实践，2018（4）.

② 韩霞. 数学教学案例研究的再思考 [D]. 武汉：华中师范大学，2014.

较为成功的教学案例，以新课标为指针，探索其共性，解剖其特点，总结其规律，不断修改和完善研究结论，争取研究模式具有较大的应用价值和推广效应。

二、对话教学文献综述

对话教学理论历史久远，中外古代先哲都曾就"对话"有过论述。早在两千多年前，中国的教育家孔子和古希腊的思想家苏格拉底就提出通过对话获得真知，提倡并亲自运用对话实施教学。他们在践行对话教学过程中取得了显著的教学效果。同时，对话除被赋予教育内涵之外，在哲学、社会学、文化学等领域也具有特定的内涵。在社会发展的进程中，"对话理论"逐步发展并渐趋完善。

（一）中外对话理论的历史渊源

1. 中国对话理论的缘起

我国对话思想可以追溯到春秋时期孔子时代。孔子经典著作《论语》就是以对话体的方式记录孔子及其弟子的言行，至今被奉为中国传统文化的经典之作。孔子的这种对话教学方式也被认定为教学的典范，至今长盛不衰。孔子《论语·阳货》中说："子曰：'小子，何莫学夫《诗》？《诗》可以兴，可以观，可以群，可以怨。迩之事父，远之事君；多识于鸟兽草木之名。'"除了对诗的社会作用进行概括外，"兴观群怨"说也体现了孔子的对话教学思想。之后，孟子忠实地继承并发展了孔子的诗歌理论，鲜明提出"以意逆志""知人论世""知言养气"的文学理论，不仅阐释了文学作品的解读方法，同时也强调了读者与作品、读者与作者、作者与自我等对话的必要性。另外，道家学派的代表老子、庄子提出的"上善若水""行不言之教"等思想蕴含天人合一的教育境界对对话教学富有积极意义。后来王阳明提出的"知行合一"等哲学观点至今在教育领域仍闪烁着智慧的光芒，为对话教学提供了借鉴。[①]

2. 西方对话理论的渊源

在西方，对话思想是在德国古典美学大盛时期受到人们关注的。这一时期，对话思想逐渐定型，有了自身的概念。从苏格拉底、柏拉图到康德等，对话思想不断向前发展。苏格拉底最典型的对话教学思想集中体现在"催产式"教学原则中。他提倡"无知之知"，学生获取知识是自由的，不需要外部强加，总是通过辩论、思考、唤醒等方式探索真理。他认为，师生之间的关系是

---

① 赵晓霞. 语文对话教学论［M］. 北京：中国社会科学出版社，2017：10.

自由、平等的；教学也没有固定的方式，通过不断地"追问"得到问题的答案。概言之，认识真理的方法是"靠自身、从自身引出知识"。① 苏格拉底这种"产婆术"的对话教学思想被柏拉图在《美诺篇》中记载下来，对后世教育发展产生了深远的影响。苏格拉底的弟子柏拉图充分地继承了"产婆术"教学原则，并且在此基础上作了创新。柏拉图的著作中融合了神话、史诗、传记、寓言故事等文体样式。柏拉图在阐述观点和道理时，正是通过这些对话文体样式来隐喻的。可见，柏拉图在延续前人思想的基础上形成了自己独特的对话景观。

18 世纪在启蒙运动的影响下，对话思想有了进一步的发展。德国著名思想家、哲学家康德认为对话在主客体之间是对立关系，理性主体在对话中占有优先地位。现象学大师胡塞尔首先提出"主体间性"的概念，他认为，"以先验自我为中心所实现的对事物的理解，显然包括对他人的理解，对另一个自我的理解。但是，他人或另一个自我显然不是一般的物和客体，而是与我一样的理解主体"。② 可以看出，主体间性的实质是在对话活动中双方互为主体，两者是一个有机的整体，"你"中有"我"，"我"中有"你"，不能割裂开来。胡塞尔的观点是继苏格拉底、柏拉图、康德及其他哲学家的主体间性学说的"概念化"的发展，推动了对话思想的纵深发展。马丁·布伯继承并发展了胡塞尔的主体间性概念。如果说胡塞尔是主体间性概念的提出者，那么犹太裔哲学家、教育家马丁·布伯就是对话概念的提出者。马丁·布伯在其著作《我和你》中围绕"我—你""我—它"三者间的关系阐述自己的对话教学思想。他认为，"我"是主体，"它"是客体；"我""你"间互为主体，是合作、平等的关系。他强调指出，真正意义上的对话关系是抛弃利益的"我"与"你"的平等相遇的关系。③

对话思想具有深厚的历史渊源，始于哲学又渗透教育、美学、社会学等领域，具有广泛的运用性。

（二）中外对话教学的发展

1. 我国对话教学的发展

我国对话思想源远流长，事实上对话思想从诞生的那一刻就在教育领域中

---

① 佐藤正夫. 教学原理 [M]. 钟启泉，译. 北京：教育科学出版社，2001：310.

② 蒋成瑀. 从主体性独白到主体间性对话：阅读教学对话的理论与实践 [J]. 浙江教育学院学报，2008（2）.

③ 李丹丹. "对话"理论在语文教学中的本土化发展 [D]. 哈尔滨：哈尔滨师范大学，2015.

体现了。无论是孔子的"不愤不启，不悱不发"的启发式教学，还是《学记》中"道而弗牵，强而弗抑，开而弗达"的启发诱导教学都体现了对话教学思想。东汉哲学家王充打破传统，冲破思想禁锢，其对话教学思想具有鲜明的批判色彩。他在《论衡》中阐述道："学问之法，不唯无才，难于距师，核道实义，证定是非也。"意思是如果古代圣贤先达的观点存在错误和纰漏之处，要敢于批判质疑；做学问不唯师、不唯书，自觉抵制老师的错误教导；做学问不能忧虑才疏学浅，要善于考察是否合乎道义，把道理是非彻底弄清楚。除此之外，王充还强调治学一定要有"问难"精神。问难不同于一般的提问，而是质问提问者是否经过个人思考而有了自己的看法。问难的对象没有限制，甚至可以是圣贤。他认为："苟有不晓解之问，造难孔子，何伤于义。诚有传圣业之知，伐孔子之说，何逆于理。"他通过撰写《问孔》《刺孟》等文章，列举若干例证说明圣贤也不可能事事正确，也并非每句话都无懈可击。而弟子当时不知问难，后人又盲目附和，使义理不明，损害的正是圣贤之道。为此，王充感叹"凡学之道，距师为难"，距师即与师保持距离，也就是不能完全附和老师，要有自己的思考和见解。当然，距师并不是拒师，王充更没有彻底否定孔子等圣贤的意思。他提倡的追求学术真谛的精神是勤于思索、实事求是的态度。无论是"距师"还是"问难"，王充的教育思想实质是教学过程要注重对话发展。学习要有一定的怀疑和批判精神，"问难"不是浅层的提问，而是深层的"质问"。

在我国的传统教育中，尽管众多教育家的教育理念中都蕴含对话思想，但没有形成系统的对话教育理论。随着改革开放，中国教育领域也掀起了改革的浪潮。中西方对话教学思想被人们提及并尝试运用到课堂教学实践中，教师鼓励学生大胆发言。但对对话教学的理解和实践还相对"窄化"和肤浅。20世纪80年代后，具有改革和探索精神的教育界专家和优秀教师强烈意识到课堂教学"交流"的重要性。在教学实践中探索出了切实可行的教学成果。最典型的和具影响力的首推钱梦龙和魏书生。钱梦龙创立了"教师为主导，学生为主体，训练为主线"的"三主"理论，魏书生提出教育要民主化和科学化。钱梦龙、魏书生等教育观念的相同之处在于体现了师生间的平等和交流关系，这向教育改革迈出了坚实的一步。90年代，教育改革深入推进，西方对话教学理论被译介到中国。中西对话教学的"相遇"与"相融"使得对话教学日趋理性。2001年教育部颁布了《基础教育课程改革纲要（试行）》，从政策层面推动了教育教学改革。在新课改背景下，研究者从不同视角和层面对对话教学展开了研究。带有法规性质的各学科课程标准（实验稿）相继出台，使得对话教学"合法化"。新课程标准（实验稿）要求教师要组织学生开展自主、合作、探究学习，这意味着对话教学发展步入正常化轨道。

新课程改革以来，对话教学方面的大批研究成果不断涌现。在理论著述方面，论述对话教学"师生关系"特性的著作有金生鈜的《理解与教育——走向哲学解释学的教育哲学导论》①；系统论述对话教学相关理论的著作很多，主要有程亮、刘耀明、杨海燕等编著的《对话教学》②；沈小培、郑苗苗、李宝庆编著的《对话教学》③，结合案例研究对话教学的理论及实践；王松涛的《对话教育之道　做自觉对话的教育者》④ 就教育中对话的意义与价值，如何将对话融入教学，如何做能对话的教师等进行了阐述；专门从课堂提问和对话教学角度论述的著作有黄伟的《提问与对话：有效教学的入口与路径》⑤ 等。此外，还有专门研究语文对话教学的著作，如王尚文的《语文对话教学论》（浙江教育出版社 2004 年版）、刑秀凤的《语文课堂对话艺术》（东北师范大学出版社 2005 年版）、孙建锋的《小学语文：享受对话教学》（西南师范大学出版社 2009 年版）等。这些语文对话教学专著从不同角度、不同侧面结合语文学科特点研究了对话教学，既有理论阐述又有实践操作。在对话教学论文方面也出现了大量研究成果，具有影响力的有张增田、靳玉乐的《论新课程背景下的对话教学》（2004 年第 9 期《西南大学学报·人文社会科学版》）、张华的《对话教学：涵义与价值》（2008 年第 6 期《全球教育展望》）、张光陆的《对话教学中的教师倾听》（2011 年第 10 期《全球教育展望》）等。这些关于语文对话教学的论文研究成果侧重论及语文对话教学的本质和内涵、语文对话教学的策略和方法、语文对话教学的师生关系建构、语文对话教学的课堂评价等。

2014 年《教育部关于全面深化课程改革　落实立德树人根本任务的意见》把"核心素养"置于深化课程改革、落实立德树人根本任务的首要位置，成为研制学业质量标准、修订课程方案和课程标准的重要依据。因此，包括

---

① 金生鈜. 理解与教育——走向哲学解释学的教育哲学导论 [M]. 北京：教育科学出版社，1997.

② 程亮，刘耀明，杨海燕. 对话教学 [M]. 福州：福建教育出版社，2007.

③ 沈小培，郑苗苗，李宝庆. 对话教学 [M]. 成都：四川教育出版社，2006.

④ 王松涛. 对话教育之道　做自觉对话的教育者 [M]. 北京：教育科学出版社，2010.

⑤ 黄伟. 提问与对话：有效教学的入口与路径 [M]. 杭州：浙江大学出版社，2016.

《普通高中语文课程标准（2017 年版）》在内的各学科新版课程标准都把"核心素养"作为重要的课程标准，并作出明确要求。"核心素养"是对知识与技能、过程与方法、情感态度与价值观三维目标的深度整合。由此，对话教学作为落实核心素养的具体方法已经进入新时代。

2. 西方对话教学的发展

20 世纪是对话理论发展的成熟期，并由哲学领域渗透到教育领域。受教育对话理论影响最深的是巴赫金、伽达默尔、格里芬、伯姆等哲学家。苏联文艺理论家、哲学家、思想家巴赫金在陀思妥耶夫斯基的"复调小说"理论基础上首先提出了"对话理论"。"复调理论"强调，对话关系不是存在于具体对话的对象之间，而是存在于各种声音之间。人不但以自己的思想参与对话，而且以自己的命运、自己的全部个性参与对话。复调小说的关键是对话，没有对话，复调就不存在。巴赫金认为，一切都归结于对话，归结于对话式的对立，它是一切的中心；一切都是手段，对话才有目的。巴赫金十分重视小说语言的对话性，提出了"语言杂多理论"，小说要通过对话引起人们的倾听和关注。巴赫金的哲学层面对话理论开启了对话理论发展的新时代，同样对教学也产生了启示意义。其启示意义在于，教学过程是平等的对话，教学应该具有主体的差异性和丰富性，从而颠覆了传统教学的话语中心和霸权主义。巴赫金的对话理论在教育领域被广泛关注和深入研究。

继巴赫金的对话理论之后，释义哲学家伽达默尔提出了"视域融合"这一概念。如果说，巴赫金的对话理论为我们开拓了多元、开放、交互的认识视野，那么，伽达默尔则为我们构建了一个历史和现在、客体和主体、他者和自我的无限的统一整体视域。伽达默尔在《哲学解释学》中说："文本总是对向它询问的人给出新的答案，并向回答它问题的人提出新的问题，理解一个文本就是使自己在某种对话中理解自己。"对于教育活动而言，教育是不断进入他人思想世界的融合理解的过程，同时又是在融合理解中走进自我的过程。他在《伽达默尔集》中强调："语言并不只是一种生活在世界上的人类所拥有的装备，相反，以语言为基础并在语言中得以表现的乃是人拥有世界。"语言是人的存在，语言是理解得以完成的形式，并非手段和工具。因此，伽达默尔的哲学对话论表现在语文教学中就是语文对话教学要以"言语"为核心，在"问"与"答"的交互过程中，理解文本的本质意义。

此外，建设性后现代主义哲学家代表大卫·雷·格里芬等认为，一切事物都是主体，它们都有内在的联系，所有的生物都具有平等的内在的价值。格里芬等人关注最多的是人与世界、人与自然的关系问题。建设性后现代主义弥补了现代哲学的二元论和还原论的不足，它改变了人们思考问题的思维方法，拓宽了人们的思维视野，激发了人们创新发展的激情。在后现代哲学思想的影响下，教学应当是多元的、开放的。由此，对话教学要打破单向独白式的传统权威教学方式。20世纪著名物理学家、哲学家戴维·伯姆在其著作《论对话》中全面论述了对话的意义、过程、原理及方法等。伯姆认为，现代技术社会中人们的沟通是有问题的。在伯姆看来，对话是一个多层面的过程，对话不是传统意义上的谈话和交流。他强调指出："对话是一种开放的自由的环境，是一个空灵之境。"① 我们不能强行把自己的想法和观点灌输给别人，也不能带着主观色彩看待别人。否则，人与人之间是无法开展沟通活动的。

哲学为人们认识世界开辟了新的途径，提供了思维方法。可以说，哲学对话观渗透到了教育领域，推动了对话教学的发展。其中，德国的马丁·布伯、巴西的保罗·弗莱雷、日本的佐藤学等的思想对对话教学思想发展产生了影响。布伯从哲学的角度阐发了对话教学思想。他在自己的教育论著《论教育》《品格教育》中系统阐释了对话教学思想，为对话教学理论的发展提供了坚实的基础。布伯的对话教学思想认为，只有当师生进入"我—你"的关系世界，打破独白与灌输，走向对话与相遇时，教育才真正发生了。从教学意义的角度讲，布伯的对话教学理论为我们构建了理想的教育蓝图，从本质上体现了教育意义和价值。弗莱雷是第一个将对话理论直接应用于教育领域的教育家，他倡导的对话教育在国际上产生了广泛的影响。弗莱雷在《被压迫者的教育学》中指出了灌输式教学方式的弊端，并指出教育、教学应该是对话性、创造性的活动。弗莱雷说"只有通过交流，人的生活才有意义。只有通过学生思考的真实，才能证实教师思考的真实性"，强调了对话式教育的重要性。他还说，教育绝不是意见中立的过程。教育的功能是引导人们融入他们的社会，这是一种"自由的实践"，让人们批判性地对待生活现实，发现并参与到对世界和生活的变革中来。可见，弗莱雷把教育作为一种自由实践活动来对待，对话关系是教育实践的核心。弗莱雷分析了对话发生的条件，他指出：缺乏对世界、对人的挚爱，对话就不可能发生；没有谦虚的态度，对话也不可能发生；对话需要对人类活动深信不疑；人是通过不断探索来摆脱不完美的，这种探索活动只有在与他人的沟通中才能实现；没有批判性思维的对话就不是真正的对话。弗莱雷的对话教学思想在我国产生了广泛的影响。日本学者佐藤学把对话教学作为一种教育现象作了深入研究，并对对话教学作了更为具体、深入、系统的研

---

① 戴维·伯姆. 论对话［M］. 王松涛，译. 北京：教育科学出版社，2004.

究。佐藤学在《静悄悄的革命》中提出了"学习共同体"概念。他认为，学习共同体的基础是"倾听"和"对话"，对差异的尊重是对话教学开展的前提。在《学习的快乐——走向对话》中，佐藤学将学习的传统归结为"修炼的传统"和"对话学习的传统"。前者是追求自我完善的行为，后者是通过与他人的沟通，展开探究对象意义的行为。关于学习活动，他在《教育方法学》中提出，学习活动包含学习者与教学内容的相遇、对话，也包含与教室内外的他人相遇、对话，还包含与自身的相遇、对话。① 其实质就是教学是学习者与文本相遇、与师生同伴相遇、与自身相遇的过程。三者是融为一体、不可分割的统一整体。此外，佐藤学认为课堂对话结构由"教师主导的提问和指示""学生的应答""教师的评价"三个基本单位组成。日本学者佐藤正夫认为，教学对话是以教师指导为特征，教师制定对话的目标与计划是为引导学生发展智力与德行提供了方向。他探讨了教师引导学生开展对话教学包括发问、刺激等手段。发问时要明白、准确，力求让学生能够理解，要避免重复连锁式的发问；充分运用语言刺激、实物刺激和手势刺激等多种方法开展对话教学活动。

国外专门研究对话教学的学者还有美国的尼古拉斯·C. 博布勒斯、亚历山大·M. 西多金，日本学者池野正晴等，他们就对话教学展开了研究，提出了自己的观点。

（三）语文对话教学的研究现状

我国学者在对话理论的研究中起步较晚，对话教学理论在语文教学中的研究和应用也处于探索和发展阶段，但取得了丰富的研究成果。20 世纪末到现在，我国语文对话教学研究主要是针对教育原则、教学理念和方式及师生关系的研究。

1. 语文对话教学概念的研究

王尚文是在语文对话教学领域中较早提出相关概念的研究者。他认为，语文教学活动是一种对话，这种对话是师生、文本等之间的多重对话，语文教学中的听说读写活动都是对话活动。② 郑国民、黄显涵在《对话理论与语文教育》中阐述了语文对话教学的特征。他们认为，语文教学是师生间充满爱和真诚的合作，也充满信任和希望，充满创新和追求，语文学习要具有批判精

---

① 佐藤学. 教育方法学［M］. 于莉莉，译. 长春：长春出版社，2003.

② 王尚文. 对话：语文教学的新观念［J］. 浙江师范大学学报（社会科学版），2001（5）.

神。① 基于此，我国学界关于语文对话教学的内涵就有了清晰的界定。对话教学是一种开放的、参与的、探究的教学态度和思维方式；对话教学强调在问题情境中反思、互动、生成和创造；对话教学坚持以民主、平等的师生关系为主要特征。从语文学科的本质属性来看，主体性、言语性、思维性、知识性是语文对话教学的特征。言语活动本身就是对话活动，因此，言语性是语文对话教学的显著特征。

2. 语文对话教学目的观、知识观、教材观和师生观分析

在教学目的方面，语文对话教学强调以人的全面发展为旨归，通过创设多种问题情境开展对话活动，最终提升学生的语言表达能力、思维发展能力、情感态度能力和审美创造能力。在语文知识方面，开展对话教学要弄清是什么、如何是、为什么的问题。学者认为，语文对话教学的核心是创设一个语文知识问题情境，将语文知识与思维、言语、情感密切联系和统一在教学活动中。② 教材是教学内容的主要载体但不是唯一的载体，语文对话教学包含着师生与作者、教材编写者、文本间的多重对话。王尚文在著作《语文对话教学论》中提出，教材是特殊的对话者。教材是最基本的文本资源，师生与文本、教材编写者与作者间的对话是精神对话。在师生关系方面，弗莱雷在《被压迫者教育学》中指出，"教师的学生" 与 "学生的教师" 两种角色已不复存在，新的概念应该是 "称作教师的学生" 和 "称作学生的教师"。金生鈜认为，在教师和学生的教育交往中，对话和理解构成了新型的师生关系。在语文对话教学中这种师生关系表现为民主、平等、和谐、沟通、理解和尊重差异性等特点。

3. 语文对话教学的策略、方法研究

波尔诺夫指出，对话具有非连续性的特点，讲授则指向和谐的、连续发展的 "陶冶"。讲授和对话拥有各自的功能，而单向的讲授常常受权力性、非人性态度的左右，因此，为维护和实现现代的人性，讲授也必须是对话式的。③ 这样看来，对话教学并没有固定的策略和方法。传统的讲授法、练习法等同样是课堂中需要提倡的方法。评判教学策略和方法是否具有对话的特征关键看其是否具有精神的平等，是否尊重个体创造性和差异性，是否具有问题情境创设的言语、思维的发展。

---

① 郑国民，黄显涵. 对话理论与语文教育 [J]. 语文教学通讯（高中版），2003（15）.
② 赵晓霞. 语文对话教学论 [M]. 北京：中国社会科学出版社，2017.
③ 赵晓霞. 语文对话教学论 [M]. 北京：中国社会科学出版社，2017.

（四）语文对话教学研究的整体评价与反思

我们通过对中外有代表性文献的梳理和分析，不难发现国外对话教学理论研究相对比较成熟，我国对话教学结合具体国情侧重于课堂教学实践的研究与运用。语文对话教学研究参照西方哲学层面对话理论和中国教育对话思想深入开展了一系列研究工作，取得了较多研究成果，推动了教育改革的发展，但理论深度还不够，微观研究相对薄弱，存在缺憾。

1. 研究内容不丰富

如前所述，国外学者主要站在哲学角度开展对话思想的研究，形成相关理论成果，为对话教学工作提供理论指导和思维方法。国内研究多借鉴国外研究成果，简单推演较多，立足实际的研究较少。特别是对语文教学方式的研究较零散，还不够深入；侧重于理论阐述，缺乏语文对话教学策略的研究，没有形成符合"学"情和"教"情的范式。因此，语文对话教学研究处于经验零散化的状态，远不能适应教学现实的需要。

2. 研究方法单一

从文献资料看出，研究语文对话教学多采用文献法，课堂观察法、案例研究法、比较法等方法运用较少。如何针对课堂教学开展对话，的确是值得研究的问题。笔者认为，开展行动研究是研究对话教学的有效途径，应以语文课程标准为指导，深入教学实践，采用案例提出解决问题的办法。

3. 研究结论不完善

对话教学的理论构建与实践探索总是相互支撑的，一方面，理论研究为语文教学实践提供指导；另一方面，语文教学实践的研究推动对话教学理论的发展，丰富理论内涵。中外学者就语文对话教学理论进行了阐述，宏观上对对话教学作了指导；然而，没有从教学实际出发研究总结出一套行之有效的符合教育教学规律的教学范式。因此，研究者要正视现实、直面教学"问题"，立足一线教师和课堂，探讨真正意义上的对话教学。

三、理论描述

（一）建构主义思想

1. 建构主义的知识学习观

建构主义认为，知识并非对现实纯粹的客观反映，而是对客观世界的解释、假说，并伴随着人们认识程度的深入而出现新的解释、假说。知识能提供活动或解决问题的实用方法，在具体问题情境中需要对原有知识再加工和创造。有知识并不一定就理解知识，只有学习者依据自身的经验背景和学习活动才能建构起知识。建构主义理论主张学习是心理的积极运作过程，在他们看来世界是客观存在的，但对世界的理解和赋予的意义却是由每个人决定的。① 从这个意义上说，教学中，学生的学习活动不是传统地被动接受，对知识的掌握不是死记硬背，而是通过教师的引导在充分理解知识的基础上掌握知识和应用知识。学习过程不是简单的信息输入、存储和提取，是新旧知识经验之间的双向的相互作用过程，也就是学习者与学习环境之间互动的过程。

2. 建构主义的学生观

建构主义强调，学生是基于现成经验，依靠认知能力学习知识和解释问题的。建构主义的核心是以学生为中心，强调学生对知识的主动探索、主动发现和对所学知识意义的主动建构。② 因此，教学不是简单的"填充"，应当以学生原有的知识作为知识的生长点；应该尊重学生个体对各种现象和问题的解释，善于倾听他们当前的看法，追溯学生思考问题和解释问题的来龙去脉，以此引导学生正确地解答问题和认识问题。在教学活动中要重视师生、生生间的对话，彼此间就相关问题深入展开讨论和交流。即使在对话中，学习共同体有不同的见解和看法，教师也应全力保护认知差异带来的现象资源，重视个体的自我发展。

3. 建构主义的师生角色定位及其作用

建构主义教学原则包括建构性原则、主体性原则、相互作用原则。建构性原则指在教学中不以灌输知识为主，而应启发学生自主地建构认知结构。建构主义认为，教师是学生建构知识的忠实支持者、积极引导者，学生是教学活动的参与者和主动建构者。就师生而言，一方面，在课堂教学中教师不是"一统天下"、高高在上的"霸主"，而是传道授业解惑的富有智慧的高级同伴。教师不仅要培养学生发现问题的能力，还要培养学生创造性地解答问题的能力。激励和启发学生从不同角度解答复杂问题，形成丰富多彩的答案。同时，在教学环境受限的情况下，教师必须创设良好的学习环境，学生在轻松愉悦的环境下通过自主、合作、探究等对话方式高效学习。另一方面，教师应当激发学生的学习兴趣，时刻持续引发和保持学生的学习动力，创设学习的情境。通过创设恰当的教学情境，运用对话交流寻找关联新旧知识的线索，推动学生创造性学习。就学生而言，学生面对复杂的认知情境，需要有承受挫折的意志，

① 姜俊和. 建构主义教学理论及其启示［J］. 沈阳教育学院学报，2005（3）.
② 秦玥. 建构主义学习观在语文教学中的应用［D］. 大连：辽宁师范大学，2006.

奋发向上的昂扬斗志，学会自我管理、自我发展、自我教育。当然，在面对学生复杂的学习和心理环境时，教师应主动调控和引导。

4. 建构主义的学习环境

建构主义指出，学习者的知识是在一定情境下，借助协作、交流等对话方式，通过意义的建构而获得的。在教学设计中通过情境创设有利于学习者获取知识和运用知识；师生之间、生生之间通力协作，通过小组内部、小组之间进行商榷、讨论、辩论，对问题达成共识；小组成员之间需通过交流来商讨完成规定的学习任务需达到的目标。在交流过程中，揭示事物的性质、规律以及事物之间的内在联系，力图使每个成员的想法都为整个班集体所共享，最终达到互通有无、共同提高的目的。

（二）高效课堂理论

高效课堂，是高效型课堂或高效性课堂的简称，顾名思义是指教育教学效率或效果能够有相当高的目标达成的课堂，具体而言是指在有效课堂的基础上，完成教学任务和达成教学目标的效率较高、效果较好，并且教育教学有较高影响力和社会效益。即以尽可能少的时间、精力和物力投入，取得尽可能好的教学效果。

尽可能好的教学效果可以从以下两个方面来体现：

一是效率的最大化，也就是在单位时间内学生的受益量最大。主要表现为课堂容量、课内外学业负担等。

二是效益的最优化，也就是学生受教育教学影响的积极程度最优。主要表现在兴趣培养、习惯养成、学习能力、思维能力与品质等诸多方面。

只有效率的最大化或只有效益的最优化的课堂，都不是真正意义上的高效课堂。只有二者和谐统一，高效课堂才能形成。简言之，高效课堂至少在教学时间、教学任务量、教学效果等三个要素方面有突破，概括为轻负担、低消耗、全维度、高质量。

高效课堂是以最小的教学和学习投入获得最大学习效益的课堂，基本特征是"自主建构，互动激发，高效生成，愉悦共享"。[①] 衡量课堂是否高效，一看学生知识掌握，能力增长和情感、态度、价值观的变化程度；二看教学效果是通过怎样的投入获得的，是否实现了少教多学；三看师生是否经历了一段双向激发的愉悦交往过程。

---

① 王晓平. 高效课堂的基本特征与实现条件［J］. 现代中小学教育，2016（3）.

高效课堂的基本特征体现在三个方面：教学方式上重在建构主义学习环境的建立，学习方式上重在自主学习品质的培养，学习动机上表现为学生具有强烈的学习意愿。课堂教学效率至少包含三个要素，即教学时间、教学任务量、教学效果。可以从三个方向和三个层面进行定义分析：

（1）教师层面，教学效率是指在单位教学时间内，在达到预期教学效果的前提下所完成的教学任务量。

（2）学生层面，教学效率＝教学对所有学生的一切影响的总和/学生所用的时间总和×100％。这里强调"所有学生"，旨在倡导关注参与学习活动的学生人数，即全体性。所谓"一切影响"，是指"学生学到的有用知识＋学生形成的有用能力＋学生养成的良好非智力因素＋负面的影响"。

（3）时间方面，教学效率＝有效教学时间/实际教学时间×100％。所以，高效课堂源于有效课堂，基于有效课堂，有效课堂的教学效率就有高有低、有正有负。教学的成果是"人的发展"而非工业产品，教学效率的量化或许永远是一种奢望。我们提出教学效率的概念，不是为了"计算"，只是为教学实践和教学评价提供比较正确的导向、理想的方向。当时间被用到极限时，教学必然从有效走向高效。高效课堂尊重教师和学生的独特个性，倡导通过亲身的体验和感悟，陶冶精神品格，塑造健康人格，促进教师和学生生命价值的提升。[①]

"问题对话"式课堂教学也需要追求高效课堂，这就要依据高效课堂理论，结合实际情况，构建相应的课堂运作模式。

（三）金字塔学习理论

金字塔学习理论是美国缅因州国家训练实验室的研究成果，它用数字形式形象显示了：采用不同的学习方式，学习者在两周以后还能记住多少内容（平均学习保持率）。[②] 它是一种现代学习方式的理论，最早是由美国学者、著名的学习专家爱德加·戴尔于1946年首先发现并提出的。

第一种学习方式是"听讲"，处在塔尖。也就是教师在上面说，学生在下面听，这种我们最熟悉最常用的方式，学习效果却是最低的，两周以后学习者只能记住5％的内容。

---

① 刘晓萌. 建设高效课堂的理论和实践研究——以语文课堂为例［D］. 青岛：青岛大学，2015.

② 姜艳玲，徐彤. 学习成效金字塔理论在翻转课堂中的应用与实践［J］. 中国电化教育，2014（7）.

第二种是通过"阅读"方式学习，学习者可以记住10%。

第三种是通过"声音、图片"方式学习，学习者可以记住20%。

第四种是通过"示范"方式学习，学习者可以记住30%。

第五种是通过"小组讨论"方式学习，学习者可以记住50%。

第六种是通过"做中学"或"实际演练"方式学习，学习者可以记住75%。

第七种是在金字塔基座位置的学习方式，是"教别人"或者"马上应用"，学习者可以记住90%。

爱德加·戴尔提出，学习效果在30%以下的传统方式，都是个人学习或被动学习；而学习效果在50%以上的，都是团队学习、主动学习和参与式学习。金字塔学习理论强调主动学习的有效性。[①] 因此，在高效课堂理论的构架中，要多采用"小组讨论""实际演练""马上应用"等学习方式，以提高学习效率。

（四）对话教学理论

德国的克林伯格认为，在所有的教学中，都进行着最广义的对话，不管哪一种教学方式占支配地位，相互作用的对话都是优秀教学的一种本质性标识。在他看来，教学原本就是形形色色的对话，具有对话的性格，这就是"教学对话原理"。[②] 发生在教学过程和教学情境中的对话，我们称之为"教学对话"。教学对话法就是在课堂过程中教师和学生之间进行对话交流，从而让学生学到知识的教学方法。

在高中语文教学中实施对话教学是完全可能的，而且是十分必要的。

首先，新课程标准明确了语文学科的基本特点——工具性与人文性的统一；十分注意教材内容的价值取向，强调语文的熏陶感染作用，提出应尊重学生在学习过程中的独特体验；倡导"自主、合作、探究"的学习方式。新课程标准的"教学建议"指出：教师是教学活动的组织者和引导者，语文教学应在平等的对话中进行。这就为"问题对话"式教学的实施提供了政策依据和理论依据。

其次，建构主义的学习理论强调以学生为中心，认为学生是认知的主体，是知识意义的主动建构者；教师只对学生的意义建构起帮助作用，而不是直接

① 王艳．浅谈"学习金字塔"理论在高中新课改的运用［J］．科技信息，2013（5）．
② 刘庆昌．对话教学初论［J］．教育研究，2001（11）．

向学生传授和灌输知识。① 随着教学理论的不断完善和教学改革实践的深化，教师在课堂上已基本摒弃了"一言堂"的教学模式。这又为对话教学的实施提供了现实基础。② 同时高中生的身心发展、知识积累和生活经验也为对话教学的实施提供了可能。

另外，学生的自主地位如何体现和落实，教师的主导作用如何实现等，这些问题都还有值得探索和研究的空间。建立平等和谐的师生关系和生生关系，既保障学生自主探究的利益，也保证教师能展示个性，发挥组织者和引导者的作用。这不仅需要课堂形式的改革与优化，更需要建设对话教学这样的课堂文化，使之成为一种基本理念和教学思想根植于教师和学生的头脑中。

对话教学是一种在平等和民主的教学关系下，主张教师和学生主动参与的教学过程，它以对话交流为基础，以频繁对话为充分保证，从而实现知识的传递、思想的产生、思维的发散以及个性化的学习。③ 根据对话教学的特性，结合目前中学教学的现状，我们认为，完全可以把实施对话教学的突破点放在课堂提问上。

首先，课堂提问在教学中有相当重要的地位，这已经是广大教师的共识，正因为这样，对课堂提问的理论研究和实践探索卓有成效，极大地提高了语文课堂提问艺术。而且，许多的探索是和对话教学理论不谋而合的。例如，不少教师强调提问过程要突出学生的主体性，充分发挥学生的主观能动性，着眼于学生的"思"。④ 从学生实际出发，根据学生的知识水平与心理特点，找出能诱发他们思维的兴趣点。强调培养学生良好的思维习惯，提高思维强度，发展学生智能。强调为学生搭设思维的跳板，让他们向更高、更远的层面飞跃，并较好地展现课堂中教与学、疏与密、缓与疾、动与静、轻与重的相互关系，让课堂波澜迭起、抑扬有致。强调营造师生沟通的问题情境，形成"疑义相与析"的良好氛围，以及答案的多元化等。广东的欧阳宇老师提出的设疑置问的整体性、深层性、量力性、驱动性等几条原则，也是与对话教学理论契合的。

① 姜俊和. 建构主义教学理论及其启示［J］. 沈阳教育学院学报，2005（3）.

② Elisa C，Leonardo L. The three domains for dialogue：A framework for analysing dialogic approaches to teaching and learning［J］. Learning culture and social interaction，2018（18）.

③ 文山水. 论高中语文对话教学存在的问题及应对策略［D］. 海南：海南师范大学，2015.

④ 周晓琴. 高中语文课堂师生互动有效性调查研究［D］. 济南：山东师范大学，2013.

其次，在现阶段，要落实学生与文本对话，学生与学生对话，学生与自我对话，学生与环境、社会对话等诸多对话表现形式，但其前提还是师生对话。同时，尽管有学者称发生在课堂上的师生问答，有些并非真正的语文教学对话，它只是采取了对话的形式，没有体现对话的精神原则。但是，它毕竟是一种积极的核心的对话形式，我们完全可以通过这种形式落实对话的精神实质。

当然，以对话教学理论对照现在的语文课堂提问，我们似乎还不能称语文课堂提问为真正意义上的对话。

根据建构主义思想、高效课堂理论、金字塔学习理论、对话教学理论，针对语文教学存在的问题，我们认为"问题对话"式教学的主导思想为"教师为主导、学生为主体、训练为主线、思维为核心、能力为目标"。

四、"问题对话"式建构的维度

自普通高中新课程实施以来，在课程设置、教学方式、学生评价、考试制度等方面都作了有益的探索并发生了显著变化，取得了实效。笔者认为，"问题对话"式应体现"教师为主导、学生为主体、训练为主线、思维为核心、能力为目标"的"五为"教学维度。

（一）教师为主导、学生为主体

现代教学思想"学生为主体、教师为主导"这一命题，所显示的教学观念具有丰厚的内蕴。"主导"和"主体"是辩证统一的，是内因和外因的逻辑关系。在这种思想指导下，教师的"教"与学生的"学"是双边共同活动的过程，两者缺一不可。"学"是活动的主体，"教"是活动的主导，将两者有机结合，最大限度地发挥双方的能动性和创造性，才能发挥教学活动的最大效益，达到最佳的教学效果。洋思中学的"先学后教、当堂训练"、杜郎口的"'三三六'自主学习"、西峡一高的"三疑三探"等名校课改模式都十分重视"主导—主体"教学思想的运用。课堂教学改革中，"教师为主导"要求教师在教学中要从单纯传授知识转变为指导学生学习，从课堂专制式转变为平等讨论式，从"满堂灌"转变为启发诱导式，从单向传播式转变为双向感应式。贯彻教师为主导的教学观要求教师有较强的教学能力，能设计出合理的教学目标，以及科学处理教学内容，灵活运用有效的教学方法；树立教学问题意识，开展研究工作，探索有效的课堂教学模式；同时，要建立以教学为中心的教学管理体制，教学以课堂为中心，课堂以学法为中心，向教学改革要质量。"学生为主体"，就是学生在教师的指导下进行学习时表现出主动性、自觉性、选择性、创造性。教师坚持以学生为主体的教学观，要培养学生的主体意识和主体精神，使学生成为主体角色，促使他们产生一种自我概念，产生学习的内在动力；教师要为学生营造良好和谐的气氛，形成平等、民主的教风；同时，要善于引导学生的积极行为，有意识地发挥学生参与教学过程的主体性、民主性，并尊重差异性，发挥激励作用。从而，构建富有智慧、充满生命力的课堂，达到提高教学质量、培养学生创造和创新能力的课改目标。教师与学生的主导与主体地位的确立，不应是主客体的失衡，两者应该形成合作、合力、和谐的"共生效应"。

（二）训练为主线、思维为核心

在"问题对话"中，"训练"是手段，所有教学活动围绕训练展开；"思维"是内核，通过有效训练达到激活思维、提高思考能力、培养创新能力的目的。"授之以鱼，不如授之以渔"，这里的"渔"就是方法。可见，掌握知识的方法比方法的知识更重要，课堂训练实质就是以知识为载体教会学生掌握方法，从而达到举一反三、触类旁通的作用。在训练时，教师要充分发挥主导作用，引导学生围绕教学目标设计具有梯度的、面向全体学生的问题。对于一些重点、难点、疑点问题要组织学生深入讨论、有效探究，以提高训练的实效。在形式上要灵活多样、不拘一格，可采取口头、书面等形式，切忌机械、死板的重复训练。力求让学生通过有效的训练从教师的"主导"下解放出来，自主生成对学习的需求与期待，从而掌握学习的方法。训练的最高境界是提升学生的创新思维能力，形成有利于学生发展的思维方法。教学的终极目的是"学是为了不学，教是为了不教"，培养学生的自学能力有利于终极目标的实现。思维能力的高低直接影响学生的自学效果，因此，以"思维为核心"是课堂教学改革的重要维度。"学而不思则罔，思而不学则殆"告诉我们学习与思考的辩证关系，同时也指出在教学中必须培养学生的思维能力。传统教学中的"注入式""填鸭式""满堂灌"注定不能激发学生的求知欲望，也培养不出富有智慧的学生。在课堂教学中学生较高思维能力的表现应该是善于独立思考，敢于提出自己的不同见解，不为他人的观点所左右；分析问题和处理问题时，能够在较大的范围内进行思考，同时又不忽略与问题有关的一切重要细节；思考问题具有广度和深度，同时善于丰富自己的生活经验，善于抓住事物的本质和规律，预见事物的发展进程；能够迅速占有材料或遇到问题分析快，判断及时，推理敏捷，归纳综合迅速，善于在极短的时间内作出反应，提出解决问题的意见和办法；思考和归纳问题有条有理、主次分明、先后有序；遵守逻辑规律、规则和要求；善于根据不同对象和问题，灵活变化思维的角度和方法，用变化、发展的观点去认识和处理问题，不拘泥于一种方法或模式。

（三）能力为目标，全面发展

为适应我国社会主义经济和现代化建设的需要，国家提出了全面实施素质教育的教育改革方案，要求教师要面向全体学生，全面提高学生素质。在知识经济时代，知识和智力资源的开发、利用及创造在国家发展和国际竞争中至关重要，这要求我们在"问题对话"式教学中，必须把学生创新能力的培养作为素质教育的目标。西峡一高的课堂教学改革就着力于培养学生的创新能力，培养和造就了一大批创新型人才，值得我们借鉴。创新能力的培养是时代和国情对教育的根本要求，创新占据知识生产和利用的制高点，从而推动社会的快速发展。课堂教学改革以创新能力为目标，有利于学生的全面发展。培养学生的创新能力，强调在课堂中学生的注意力、观察力、记忆力、理解力、想象力等多种能力的综合运作，创新能力和这些智力因素协调发展，共同提高；同时，在创新的实践中磨炼学生的非智力因素，铸造学生的坚定信念、坚强意志、顽强毅力等品质。因而，创新能力的培养能提高学生的综合素质。此外，创新能力的培养还能促进学生个性发展，创新能力既有赖于学生的全面发展，更有赖于个性发展。创新本身就是具有鲜明个性的，没有个性的发展就没有创新精神和创新能力。发挥创新能力的过程，正是体现个性的过程，随着创新教育的深入开展，学生的创新能力逐渐增强，独特的成果逐渐增多，个性也就日益鲜明，从而进一步突显提升创新能力的重要性。教育目标是教育活动的出发点和归宿，要将创新教育贯彻于教学活动的各个环节。因此，落实创新教育目标要树立培养创新型人才的教育目标。教育的关键在教师，教师的素质决定着教育的质量和水平，培养学生的创新能力，要求教师有创新精神。因此，落实创新教育目标需要造就一支具有创新意识、勇于探索、善于培养学生创新意识和创造能力的教师队伍。此外，落实创新教育目标还要调整课程方案，优化教学内容和方法；建立有利于培养创新能力的教育评价体系，推动课堂教学改革的深入实施。

"问题对话"式教学应有科学的指导思想。"教师为主导、学生为主体、训练为主线、思维为核心、能力为目标"的"五为"教学维度关涉教学方式的变革，符合新的教育教学理念，在"问题对话"式构建中具有适切性，应成为这一模式的基准。

第三章 "问题对话"式教学主题释义

生活就其本质说是对话。

—— [苏联] 米哈伊尔·巴赫金

马克思高度重视问题对于把握时代特征的重要性。他指出，问题是时代的格言，是表现时代自己内心状态的最实际的呼声。① 在教学中，以问题为基点的教学活动无处不在。俄国文艺理论家巴赫金认为，人类情感的表达、理性的思考乃至任何一种形式的存在都必须以语言或话语的不断沟通为基础。可见，人是作为一个完整的声音进入对话的。教学活动作为有生命的活动，不可避免地要进入对话状态。可见，问题与对话在教学中相互赖生。

一、问题的释义及特征

（一）问题的释义

《续资治通鉴·宋太宗太平兴国八年》中说："进士免贴经，只试墨义二十道，皆以经中正文大义为问题。"据此，问题指要求回答或解答的题目。现代汉语中，问题也指事态的严重性足以引人研究讨论，或尚待解决者；关键之点、事故或意外；造成差距的因素等。从教学层面的角度来说，问题是在教学活动中为实现教学目标通过教学手段要求解决的题目。

（二）问题的特征

教学中的问题设置应该具有科学性、情境性、层次性、互动性。

1. 问题的科学性

问题的设置与表达要符合学习内容，遵循学生的认知规律。教学中的概念、原理、定义和论证等内容的叙述要清楚、确切，历史事实、任务以及图

---

① 马克思，恩格斯. 马克思恩格斯全集：第 1 卷 [M]. 北京：人民教育出版社，1995：203.

表、数据、公式、符号、单位、专业术语等要准确。

2. 问题的情境性

孔子说："不愤不启，不悱不发，举一隅不以三隅反，则不复也。"问题的创设要有愤悱情境，并着力渲染情感氛围。当然，这里的"境"既包括学生所处的物理环境，也包括各种软件设施。良好的问题情境能充分调动学生学习的主动性和积极性，启发学生思维、开发学生智力，是有效解决问题的重要途径。

3. 问题的层次性

教学应当是一种知识信息有效传递的过程，围绕教材中的内容促进学生了解知识、掌握知识、提高能力。因此，问题的设置要着眼整体，按照知识点的难易程度从低到高逐步推进。这样做，一方面符合学生的认知水平与心理接受能力；另一方面也能让不同层次的学生全面而有个性地发展。

4. 问题的互动性

教学是师生的双边活动，只有主客体相互作用，教学行为才能发生。因此，从普遍意义上讲，教学中的问题设置理应有利于学生在与教师的交流中能直接表达他们的需要与欲望。这就意味着在问题中，教师可以真正地和不同认知水平的学生进行实时交流。从现代意义上来说，问题应是教师与学生之间、学生与学生之间、师生与教材之间、师生与现代媒体之间的有效互动。

二、对话的释义及特征

（一）对话的释义

现代汉语中把对话解释为两个或更多的人用语言交谈，多指小说或戏剧里的人物之间的交谈。引证解释为，核对说过的话，相互间的交谈，文艺作品中人物间的谈话、答话，也指对立或无联系的国家、集团间的接触或谈判。苏联文学理论家、批评家米哈伊尔·巴赫金认为"生活就其本质说是对话"，与对话相反的是独语。对话既是目的又是方式，它强调对话参与者的投入，没有使对话参与者产生变化的交谈不能称之为对话。把对话引入教学中就成为对话教学。对话教学以对话为原则，是追求人性化和创造性的新式教学方式。具体表现为提问与回答、交流与探讨、独白与倾听、欣赏与评价。在实践中，从对话"质"的方面讲，对话要求师生敞开心扉，产生蕴含教育价值的言说。从对话"量"的方面看，不能为对话而对话，对话都必须服从和服务于教学的目的，也就是说并非对话越多越好。从对话的目的性来讲，对话并非一定要达成共识，其主旋律应该是学生间、师生间的思想碰撞。

（二）对话的特征

依据对话的本质属性，对话教学应该具有多向性、价值含量以及差异性。

1. 对话具有多向性

教学中的对话应该是师生间、生生间的真诚表达与交流，也是学习主体、教学主导者与文本的交谈。由此，对话并非是静态的，而是动态的，在动态对话中不断生成文本意义。

2. 对话具有价值含量

对话不等同于课堂提问，并不是越多越好，要适量而止，适度而止，具有教育教学价值。简单的知识传授也不能称之为真正意义上的对话。英国思想家戴维·伯姆认为："对话仿佛是一种流淌于人们之间的意义溪流，它使所有对话者都能够参与和分享这一意义之溪，并因此能够在群体中萌生新的理解和共识。"对话的价值在于创生知识，从而培养学生的创造性思维能力。

3. 对话具有差异性

对话的目的是"和而不同"，在民主和谐中寻找差异。对话中的看法和观点的激烈对峙恰好说明问题的复杂性、艰巨性，更说明对话的必要与可能。因此，对话不是为了消除"不同"，而是为了更好地理解和珍视存在的差异。

三、问题与对话的关系

德国哲学家伽达默尔提出，对话应以"提问问答"的方式来进行。① 可见，问题与对话辅车相依。

（一）问题是对话的基础和核心

1. 问题是对话的基础

美国学者拉里·劳丹认为，科学本质上是解决问题的活动。② 教育是科学，教育的本质也理应是解决问题的人文活动。因此，没有问题的对话都不是真正意义上的对话；教学中的对话源自问题，又是解决问题的主要策略。教学中要使对话有意义、有成效，问题是基础。

---

① 伽达默尔. 真理与方法——哲学诠释学的基本特征：上卷［M］. 洪汉鼎，译. 上海：上海译文出版社，1992：393.

② 拉里·劳丹. 进步及其问题［M］. 刘新民，译. 上海：上海译文出版社，1991：3.

2. 问题是对话的核心

教学从逻辑上来讲就是提出问题、分析问题、解决问题的过程。对话过程始终围绕问题展开，并不断解决问题。所以说，问题是对话的核心。在教学中，对话不仅是简单的交流，更应该是问题的催生者。

（二）对话生成问题

1. 对话在问题中发生

一切对话都是立足于问题。对话教学作为引导学生探索真、善、美的科学活动，永远都是在问题中生发的。真正意义上的对话教学往往重视教学问题的设计，同时也特别强调对话中情境问题的预设和生成。

2. 对话创造新的问题

对话教学观认为，对话教学实质是在民主、平等、和谐的氛围中创造、生成的教学。持续的对话将接连生成新的问题，新的、有价值的问题同时也推动着对话的深入开展。这样，对话不仅是简单的信息的传递方式和手段，对话的过程本身在解决问题的同时，也揭示与凸现了真理。

综上可知，对话和问题两者相伴而生，有着密不可分的联系。对话教学是一种基于问题的教学，其实质是通过对话所产生的问题开展教学活动。"问题对话"式教学重视学生在教学中的主体地位，它重视和鼓励作为主体之一的学生在与教师的教学对话过程中勇敢地提出问题，大胆地表达具有个性色彩的观点、思想。

四、"问题对话"式教学的意义

（一）理论意义

1. 完善高效课堂教学理论

本书通过对高效课堂教学理论、课堂教学相关研究成果的梳理，针对课堂教学现状及问题进行分析，力求形成一套适合教学实际的高效课堂教学模式。同时，为今后相关研究积累理论依据，丰富和完善高效课堂教学理论。

2. 体现教育均衡发展理念

课堂教学存在的问题主要表现为学生的知识、思维水平和理解能力存在差异，课堂教学难以全面关注到学生的个体差异；传统的讲授式教学导致"两极分化"加剧，部分学困生长期受到教师的忽视，严重挫伤了学生学习的积极性和主动性。本书在构建"问题对话"式教学模式时，着力对教学理念和教学方式进行探索，试图最大限度缩小学生发展的个体差异，从而达到课堂教学的公平化、均衡化。

（二）实践意义

1. 有利于学生主体地位的落实，激发学习积极性

教育是从主体出发，通过主体、依靠主体来开发、发展和完善主体的实践过程。[①] 高中生受生活阅历、心理调节、学习负担等方面的影响，面对困难、挫折、压力时往往不能正确应对。长此以往，学生会产生焦虑、压抑、浮躁等不良情绪，同时会感觉失去关怀。学生学习兴趣低落、积极性丧失、个体主体地位得不到有效落实，教育教学效果就会低效甚至无效、负效。笔者通过行动研究观察、论述高效课堂教学模式的实施，其核心在于落实学生在课堂教学中的主体地位。

2. 有助于教学资源的共享，实现教育公平化

一般来说，教学资源由教学材料、支持系统、学习环境组成，[②] 甚至包括能帮助个人有效学习和操作的任何因素。教学活动中受时间、空间限制，教师不能完全面向每一个学生，教学显性材料不能有效利用，隐性材料受教育观念、教学方式影响不能很好地发挥作用。因此，本书倡导课堂教学要充分运用显性和隐性的教学材料，实现教育价值的最大化。

3. 有利于主导作用的发挥，转变教育教学方式

在课堂教学中，教师是教学活动的主导者，起教育、指导、引导及辅助和疏通作用。教师不仅要注重学生的主体性，还要充分发挥教师的主导作用。其主导作用主要包括指导、组织、激励。教师作为指导者，在教学中要给予学生创设探究问题的情境，促使学生在愉悦的环境中主动发现问题，从而解决问题。然而，在传统环境下，面对鲜活的学生群体，课堂管理方式单一、领导力薄弱，教师的指导作用不能淋漓尽致地得以发挥。笔者的研究就是基于课堂教学中教师教学行为中存在的问题，让教师有力发挥主导作用。

---

① 魏立言. 教育主体论［J］. 上海教育科研, 1989（5）.
② 王庆东, 安同信, 王梦瑶. 基于 Web 的高效教学资源整合研究［J］. 高教论坛, 2016（3）.

第四章　"问题对话"教学范式

最有价值的知识是关于方法的知识。

——［英］达尔文

传统教学具有一定的生命力，同时又存在着诸多弊端。班级规模大，教师难以兼顾所有学生；合作学习形式化，效果不显著；课堂管理乏力，常常顾此失彼；质性评价运用有限。班级规模过大对师生之间、学生之间以及学生和文本之间的互动都会产生阻碍，不利于学生学习能力的培养。传统的"问题教学法"已经不能满足当代教育的需求，教师只有不断地创新与突破，找到更好的、利于学生发展的教学模式，才能让学生在掌握知识的前提下，不断开发自身潜能进而成为全面发展的人。在此种教育环境的催生下，"问题对话"教学范式应运而生，它把问题和对话有效地整合在一起，倡导问题的设计在于激发对话，对话的目的在于解决问题，既培养了学生分析问题、解决问题的能力，又实现了师生、生生之间的交流与合作。对话教学现在被越来越多的人重视和关注，其原因主要是其不同于传授教学，更注重对话而不是讲授。①

一、"问题对话"式教学基本特征

"问题对话"式教学是以问题为核心，对话是一系列教学环节顺利开展的教学方式、手段。问题是具有思维品质的问题，对话是在民主、平等基础上的交流合作。"平等的师生关系既是新课程实施与教学改革的前提和条件，又是新课程实施与教学的内容和任务。"对话是建立在师生之间平等、信任、尊重的前提下，通过交流和倾听而进行的相互沟通、学习的教学方式，真正实现了"教学相长"。对话教学已成为现代课堂教学改革的主要方向。因为在这种模式下教师和学生共同、平等地参与教学活动，进行知识的建构和生成，这有利

---

① 袁志忠，袁带秀，胡文勇．"对话式教学"之我见［J］．当代教育论坛·教学研究，2010（6）．

于促进学生形成独立的思考方式，有自己的思想，而不再是过去的被教师牵着鼻子走。① 人之所以不同是因为我们有不同的思想，这种各不相同的思想可以促进一个民族的创新；培养具有创新思维、创新精神的人才，可以更好地促进整个社会的进步，这也是我们教育的真正目标所在。②

（一）"问题对话" 式的理念

作为一种体现语文新课标核心精神价值的教学形态，"问题对话"式教学要求在一定的教学设问情境中，建构师生、生生之间交流合作的平台，培养能在对话过程中产生问题意识和创新精神的个体。鉴于此，"问题对话"式教学应在三个理念的指导下进行：课堂"共享"，师生共建；由特殊到普遍，统一到多元；张弛有度，互动合作。

1. 课堂 "共享"，师生共建

新课程要求高中语文课堂教学要卓有成效地建立和谐民主的师生关系，形成良好的学习氛围，实现教与学的和谐统一、教与学的相得益彰，师生共享课堂灵动的快乐。③ 教师是课堂的主导者，是教学行为的实施者，但并不是高高在上的领导者；教师是学生的引导者、对话者。④ 学生在学习过程中处于主体地位，是教学过程中的主要认识者，是学习的主人。课堂已不再是单方面由教师控制，而是由教师和学生共同建构。为达到"课堂'共享'，师生共建"的目的，首先，教师需要转变角色，由传统教学方法中的讲授者、课堂掌控者转变为学生学习过程中的合作者、学生发表见解的聆听者。只有这样，才能做到有的放矢。其次，学生需要转变角色，由学习的被动者转变为学习的主动者，这种转变要以课堂教学方式为依托，只有将重"讲"转变为重"学"，让学生成为课堂的主体，学生学习的自觉性、主动性才能被激发出来，成为课堂学习共同体的主人。教师与学生的共同转变，是打造高效和谐课堂的基础。

2. 由特殊到普遍，统一到多元

在师生对话中，教师对学生起着引导作用，毕竟一般来说，教师的知识、阅历、经验等都比学生要丰富，但教师仅作为引导者或合作者的身份进入学生

① 袁志忠，袁带秀，胡文勇．"对话式教学"之我见［J］．当代教育论坛·教学研究，2010（6）．

② 廖国庚，郭金林，卢厚明．对话教学与高校教师素质提高［J］．高等教育研究学报，2003（26）．

③ 王敏．改造我们的高中语文课堂［J］．语文学刊（基础教育版），2008（8）．

④ 王冬梅．论新课程背景下教师角色的转变［D］．武汉：华中师范大学，2004.

的内心世界，不再像过去那样担任"传道者"。① 教师是课堂的引领者，是学生获得知识、技能的引导者。每个学生都是独立的个体，他们对问题的认知有着不同的建构体系，学生需要通过教师对教材普遍性知识的讲解，来与各自特殊的生活达成共鸣，从特殊到普遍，融入知识体系，从而达到面向生活的目的。

由统一到多元，要求教师以一颗包容之心对待学生的"奇思妙想"，对待学生的不同观点，若是一味打压或是不管不问，不会产生任何有利影响，相反，只会打击学生踊跃思考的积极性，局限其思维的拓展。和传统的中学语文阅读教学不同，多元解读教学的过程实质上就是一个读者与文本、读者与读者对话的过程。② 教师要以开放的眼光看待不同问题，实现三者的有效对话，更要对学生的见解进行适当鼓励，有效引导和纠正、补充，并运用相应的教学策略，达到教学的平衡点。教师只有不停留在教参层面的解读，学生才敢于各抒己见，这也是构建"问题对话"式教学的针对性策略之一。

3. 张弛有度，互动合作

建立高效的语文课堂对话，需关注影响对话效果的三个因素，即师生间关系的平等、对话话题的科学以及课堂自由精神的高擎。③ "问题对话"式教学，既不是传统教学中以"讲"为中心的教学模式，也不是完全放手式的"自主"学习，它强调张弛有度，有收有放，课堂环境既有面对知识时的严肃，又有全员共同参与的活泼；既强调尊重个体发展，又关注合作的、轻松和谐的课堂对话。

"问题对话"式教学倡导师生在交流、合作的对话中碰撞出智慧的火花，从而达成知识、能力、素质的建构和发展。这里所说的互动合作，包括师生之间的互动合作，也包括生生之间的互动合作。④ 师生互动合作强调师生之间的对话，学生对提出的问题进行解答，教师做出相应的点评。生生之间的互助合作是"问题对话"式教学的重中之重，学生通过合作探究，挖掘自身潜能，丰富知识储备，发展智力。这也是"问题对话"式教学得以顺利有效实施的保障之一。

① 袁志忠，袁带秀，胡文勇."对话式教学"之我见［J］.当代教育论坛·教学研究，2010（6）.
② 张婧.中学语文多元解读教学探究［D］.兰州：西北师范大学，2007.
③ 杨琼.谈有效的初中语文课堂对话的三个因素——平等、科学和精神［J］.学周刊，2017（7）.
④ 袁志忠，袁带秀，胡文勇."对话式教学"之我见［J］.当代教育论坛·教学研究，2010（6）.

（二）"问题对话"式的原则

在三种基本理念的引导下，"问题对话"式教学应坚持以下四项主要原则：

1. 问题设计难度适宜，符合思维发展

一堂成功的语文课，主要体现在教师对课堂问题设计的有效把握上，而教师的有效性问题设计，不仅能引导学生积极主动地学习，也能促进学生顺利地达成学习目标，促进课堂教学的和谐发展。[①] 学生在知识水平、生活经历、思维方式、心理特点等方面存在众多差异，这就要求教师在进行问题设计时，要充分考虑学生的认知水平，根据学生的知识掌握程度来设计有效问题，问题难度适宜，才能符合学生的思维发展。教师在设计问题时，心中要存有关于学生接受能力的"小档案"，以此为基础，教师设计的问题不仅能充分调动学生的知识储备，同时又能让更多的学生融入课堂、树立信心，激发他们的求知欲。在符合思维发展的前提下，设问还可以包含很多的未知因素，鼓励学生积极探寻知识的奥秘所在，培养发现问题、分析问题的能力。

2. 问题设计重难点突出，满足知识需求

这里所说的重难点，如果只是教师在备教材的过程中，结合教参总结概括出的需要重点掌握的知识点，再通过有效的问题展示给学生，那么所谓的提问艺术就只是传授知识的艺术。相反，如果教师在"备教材"的同时做到"备学生"，能从学生的个体差异出发，把握学生学习过程中可能会遇到的重难点知识，再进行有效的分类、提问，便可触发学生进行独特理解和独特感悟，并积极地、富有创意地感悟文本，构建满足知识需求的体系。我们只有通过分析学生个性、能力发展的不同特点，深度把握教学重难点，课堂中的提问过程才能达到应有的效果，才能促进高效课堂的生成。如果一味地追求对话，那么很有可能陷入"形式对话教学"——对话教学的另外一个极端。[②]

3. 对话民主平等，尊重个体差异

语文教学是教师与学生进行的"人—文本—人"之间的交往活动，是平等的对话教学。[③] 对话的意义在于师生双方各自向对方敞开心扉、彼此接纳，

———————————

① 滕寅. 语文教学中教师的有效性问题设计 [J]. 新课程研究（下旬刊），2011（6）.

② 袁志忠，袁带秀，胡文勇. "对话式教学"之我见 [J]. 当代教育论坛·教学研究，2010（6）.

③ 李欠娥. 构建民主、平等、多元的"对话"式课堂教学 [J]. 语文学刊（教育版），2008（10）：26.

这就需要形成民主平等的师生关系，因为民主平等是对话的前提。在教学中，语文教师要以人为本，通过教学角色的转变，可以使得师生之间的对话氛围得到全面的改进。① 师生之间的民主、平等对话，和谐沟通，直接关系到"问题对话"式教学的成败。在语文课堂教学过程中，很多教师注重提问的技巧和策略，却较难遵循民主平等这一对话原则，他们依然是课堂的主宰者，面对学生的解答，他们总是在有意无意间把学生引向早已设置好的轨道上，这就失去了"问题对话"式教学的指导意义。在民主平等的氛围中对话，才是心灵与心灵的沟通。② 每个学生都是独立的个体，他们有着不同的求知技能、生活经历、性格特点，对个体差异的尊重就是尊重学生、认可学生。事实证明，差异性是对话的前提和基础，尊重差异才能让"问题对话"式教学活跃起来，才能求同存异、异彩纷呈。

4. 关注学生发展，共同探索成长

新的课堂教学评价要以学生的发展为本，充分考虑学生的个别差异，考虑学生的实际水平和发展需要。③ 关注学生发展是教学的宗旨；共同探索、成长是教学的意义。"问题对话"式教学要求教师细心研究学生，通过和学生进行有效的、常态化的沟通，了解学生的个性特征及学习状况，找寻适合不同学生的教学方法，并根据问题难易程度，让不同层次的学生来回答，让他们体验成功的喜悦，增强学习自信心。教学过程着眼于学生的"思"，从学生实际出发，找出其兴趣点，让学生有所悟，培养其思维习惯，提升其思维强度，关注其发展。在"问题对话"式课堂上，教师不仅是课堂的主导者、组织者，更是课堂学习的引导者、参与者。教师及时合理引导学生，使学生获得成就感的同时，更要以同伴的身份，倾听学生内心的声音，与学生共同探索、共同成长，让语文课堂真正成为交流、提升的场所。

（三）"问题对话"式的组织形式

在注重学生学习兴趣的今天，采用科学合理的教学组织形式已经成为影响学生学习兴趣的一个重要标准。④ 语文课堂组织形式种类繁多，比如有自主学

---

① 文山水. 论高中语文对话教学存在的问题及应对策略［D］. 海南：海南师范大学，2015.

② 张亚男. 基于学生个体差异的合作学习方式探索［D］. 济南：山东师范大学，2013.

③ 汤咏慧. 课堂教学评价要关注学生发展［J］. 安徽教育，2004（7）：29.

④ 李玉玲. 教学组织形式与学生语文学习兴趣的相关研究［D］. 桂林：广西师范大学，2011.

习、小组合作探究、竞赛、辩论、知识问答等。"问题对话"式教学在借鉴上述课堂形式及结合自身特点的基础上，将教学形式大体分为两种：互问互答式、启发式。其中，互问互答式包括师生互问互答和生生互问互答两种形式。

互问互答式教学形式，能促进师生之间的交流合作，能使教师及时了解学生对教材的理解和掌握程度，并能准确把握住学生学习的疑难之处，还能发现教材中易被忽视的地方；启发式教学形式是许多教师常用的教学形式之一，即先由教师提问，学生互答，教师指导补充，再由教师进行总结式讲解。语文启发式教学就是以启发式教学思想为指导，从学生实际出发，通过教与学的相互作用，发挥双方的积极性，使学生能主动并按科学的方法学习、思考，从而促进其全面发展。①

1. 师生互问互答

在新课改背景下，高中语文课堂师生互动发生了很大的改观，要求教师更加注重学生的感受与体验，更加注重对学生的点拨与引导，更加注重对自由讨论、小组合作等互动方式的使用。② 这里所说的互动便是师生互问互答，其建立在师生平等、和谐交流的基础上。教师提问，学生作答，学生在教师的提问中不断调动自己的知识储备，开阔视野，做到有所思、有所悟；在问题解答过程中，让学生再次发现问题、提出问题，培养学生的质疑精神，并最终形成批判意识，获得完美、丰富的人性。师生互问互答能有效进行，提问是关键，这就要求教师需提出能够引起学生思考的问题，提出提升学生思维深度的问题，更要激励学生自己提出问题。教师在为学生答疑解惑时，鼓励和引导是很有必要的。现今，仍有不少教师对问题对话概念的内涵缺乏正确的理解。他们认为"问题对话"式教学就是师生之间简单的满堂问答，即课堂中有提问便可，并不注重所提问题的质量，这就违背了互问互答教学形式的实质意义。互问互答教学形式是引导学生自主观察、提出、搜索、解答问题，再给学生提供相互交流的机会，培养学生科学探索、信息检索、语言表达、合作交流能力。③ 师生互问互答是给予学生自主和求异的空间，让他们在平等和谐的教学环境中产生课堂主体意识，自觉成为学习的主人。

2. 生生互问互答

随着新课程改革的推进，探究性学习的实施，培养学生的提问能力和思维

① 方祥云. 语文启发式教学探究［D］. 上海：华东师范大学，2001.

② 周晓琴. 高中语文课堂师生互动有效性调查研究［D］. 济南：山东师范大学，2013.

③ 冯彦颖. 初中物理"互问互答"式教学研究［D］. 上海：上海师范大学，2017.

能力成为教学活动的重点。生生互问互答体现在课堂小组讨论探究的教学环节中，这种形式不仅能让学生自己养成对文本发问的习惯，自问自答，还能让学生通过提问由课内拓展到课外，举一反三，使教学达到事半功倍的效果。同时，还能有效避免"问题对话"式教学停留在机械的一问一答的层面上。当然，生生互问互答过程少不了教师的参与，教与学的两种活动有机结合，可使教师主导、学生主体共同发挥作用。生生互问，把"课堂提问"的权利还给了学生，从而达到交流合作、资源共享、相互学习、相互促进的作用；生生互答，把"课堂自信"还给了学生，从而达到敢于发表见解、大胆分析、辨别能力目标的培养。① 生生互问互答的关键就是学生能提出问题。课堂教学中，教师要敢问、敢答，更重要的是要培养学生质疑的习惯，使质疑成为学习过程中的自觉行为，进而促使学生不断发现问题、解决问题。

此外，我们在关注师生对话、生生对话的同时，还应关注他们与文本之间的对话。② 忽视文本，对话行为便无所依附。学生、教师、文本之间是一种情感的、心灵的交流过程，因此，这种对话与交流应当有学生、教师、文本三者的共同参与，同时这种对话与交流又是双向的、互动的、互相依存的，是主体与主体之间的关系。

3. 启发式

启发式对话语境的宗旨在于研究和设计有利于促进学生主体性、主动性发挥的机制，促进学生独立思考习惯的形成。③ 启发式对话流程为：教师提问—学生互答—教师指导性补充、启发式引导—教师总结。教师提问不仅仅是根据文本难点提出疑问，还要结合学生已有的知识设疑，即针对不同学生知识建构提问，这就要求教师对学生有深刻的了解；学生互答的过程不单纯是对教师的提问做出解答，也是彼此启发、彼此影响、彼此帮助、共同探索、提升思维深度的过程；④ 同时，学生互答过程也是再次提出问题、分析问题的过程。学生不仅仅要学会回答问题，更重要的是学会对答案提出疑问，这就是我们常说的质疑精神，只有不断提问、不断质疑，对问题的理解才能更深入。教师对学生

---

① 周晓琴. 高中语文课堂师生互动有效性调查研究［D］. 济南：山东师范大学，2013.

② 袁志忠，袁带秀，胡文勇."对话式教学"之我见［J］. 当代教育论坛·教学研究，2010（6）.

③ 耿梅芳."启发式对话语境"在学生干部培训中的案例——兼谈高校辅导员工作方法创新［J］. 出国与就业，2010（18）：112.

④ 黄厚江. 关于问题教学的几个问题［J］. 中学语文教学，2004（3）.

解答中的遗漏部分进行指导性补充，对学生存在的疑问进行启发式引导，学生通过思、悟再次进行问题解答。教师对所提问题进行总结归纳时，必定会融入个人独特的解读，同时，还需要对学生的解答给予肯定，遵循民主平等的对话原则，鼓励学生积极思考、拓展视野，敢于发表见解、善于提问。

无论是哪一种对话组织形式，都离不开合作。合作学习的开展有利于改变高中语文教学的现状，培养学生新的学习方式，为学生的自我完善、自我发展打下坚实的基础。[①] 在对话教学中，对话双方都是主体，共同揭示世界、认识世界。这个过程，需要双方的合作。正如著名的教育家、哲学家弗莱雷所说："如果别人不思考，我也不能真正思考。我不能替别人思考，但没有别人，我亦不能思考。"由此看来，对话是自愿生成的，不是强制的，不是被人掌控的，而是在相互理解、相互合作的基础上产生的交流，因此，对话双方的合作是十分重要的。以合作为前提，不同组织形式才能发挥有效作用。

（四）"问题对话"式的激励机制

德国第斯多惠说过："教学的艺术不在于传授的本领，而在于激励、唤醒和鼓舞。"激励是激发人的动机、调动人的积极性的重要手段。课堂激励机制的设立将促进学生的持续发展，使学生的思维不断拓宽，并在心理上获得自信和成功的体验。作为语文教师，顺应学生的心理发展规律，施以不同的激励方法，可以激发学生自主探究的潜在积极性。[②] 激发学习动机，诱发学习兴趣，是促使学生主动学习的策略之一。"问题对话"式的激励机制可分为情感激励、语言激励、目标激励和量化激励等形式。

1. 情感激励

情感激励是教师在教学过程中利用情感因素的作用，激发学生积极性，提高教学效率的方法。[③] 情感激励的基础是给予、关心、责任感、尊敬和了解。情感激励是教学中最常用的一种方法，教师对学生倾注爱心和耐心，关心他们的学习和生活，对他们的进步及时给予肯定和表扬，使他们感受到自身的价值，这对于培养学生的学习动力，激发学生的学习积极性意义重大。更为重要的是，师生关系是一种精神世界的关系，其追求的目标是纯粹的。富有青春气息的高中生群体，志向高远，内心丰富，他们所努力追求的便是教师所希望

---

① 陈彩霞. 高中语文教学中的合作学习教学组织策略［J］. 读写算：教育教学研究，2014（46）.

② 楚景霞. 语文课堂激励机制的运用［J］. 快乐阅读，2012（23）：20.

③ 王悦琴. 试论教学中的情感激励法［J］. 中小学管理，2002（8）：21.

的，因此情感在这里表现得最真挚，蕴含也最深刻。一段时间以来，情感激励得到教育界广泛的关注。情感激励除了能唤起学生的积极性和热情外，还能促进学生的心理机制和情感的转变、扩散和迁移，使他们逐步形成正确的、进步的心理素质，如有恒心、有自控力、有荣誉感等。以教师的人格魅力唤醒、激励学生，通过情感激励建立爱生尊师、和谐融洽的师生关系。① 在教学中，如果忽视了情感因素，放弃了情感激励的教学手段，那将是一笔不小的损失。

2. 语言激励

语言激励体现在过程性评价中。教师要力求使自己的评价真实、准确、精彩。学生是学习的主体，在语文课堂教学中，教师要拿起表扬的武器，让学生"抬头"学习，使学生在鼓励中享受成功的喜悦，在鞭策中得到上进的力量。② 学生能够自由探究和积极主动地参与学习，与教师采用恰当的教学方式和激励机制密不可分。教师鼓励的言辞是学生学习的不懈动力，更是诱发学生学习兴趣的法宝。另外，教师在进行过程性评价时要善于用赏识性评价，通过纵向对比，看到学生的可取之处及闪光点，针对其进步，用赏识性语言评价学生，使他们感受成功的喜悦。要注意的是赏识性评价不是放任自流，而是有收有放，它是集睿智、温和、严肃、严格于一体的评价体系。尤其要对后进生进行持续的纵向比较评价，教师要尽可能用鼓励性的或富有感染力的话语，激发学生的上进意识。

3. 目标激励

目标激励指在教学中教师应想方设法让学生明确学习目标。学生有目标时，方向清，任务明，有的放矢，事半功倍，从而激励学生自主探索、自我完善、自我提高。③ 在教学过程中，首先，教师应该鼓励学生根据自己的兴趣和爱好建立学习目标，必要时还需协助学生完成目标的设置。目标设定后，学生能亮出目标，既是有勇气的表现，也是给自己以信心，给旁人以监督的权利。在清晰地展示目标后，努力方向更明确，学生学习积极性更高。其次，教师要根据教学重难点一步步设置目标，让学生在完成一个个目标的过程中体验成功的乐趣。当然目标的制定还要结合学生的知识水平，要避免过高或过低两种错误倾向。过高的目标，会使学生产生畏难情绪，挫伤其学习的积极性；而过低

---

① 陈明香. 情感激励法在思想品德课堂中的应用［J］. 福建教育学院学报，2017（3）.

② 冯广芬. 高中语文课堂有效评价激励探究［J］. 语文学刊，2008（20）：32－33.

③ 范小莲. 激励，学生自主学习的催化剂［J］. 吉林教育，2011（2）：122.

的目标，学生轻而易举就能达到，会导致学生的潜力难以挖掘，目标则没有激励意义。① 因此，确定符合学生实际的目标至关重要。

4. 量化激励

实施量化激励时需要在班内制定一个完整的量化激励评价表，量化的对象可以是个人，也可以是小组。如上课主动解答问题的加 1 分，解答时由课内知识拓展到课外知识的加 2 分，答案具有创新特点且简洁有条理的加 3 分，问题解答出彩并在原有问题上再提问的加 3 ~ 4 分；小组讨论表现突出的个人可在自己小组评价后加分，小组之间按组内成员的合作程度、问答参与程度及答题精彩程度进行梯度加分。对不参与或没有完成任务的个人和小组进行扣分。每周统计并展示一次，让学生对自己的得分情况有所了解。量化激励的意义在于激发学生的竞争意识和集体荣誉感，学生在你追我赶的竞争氛围中学有所得、学有所乐。② 学生之间良好的合作关系是量化激励有效进行的保障，而对话的前提是合作，由此可以看出，量化激励的实施是为了"问题对话"式教学的有序开展，并形成有质量的对话形式。

二、"问题对话"式教学基本流程

（一）"问题对话"式概述

"问题对话"式教学是在对话这一教学模式的基础上发展而来的。我们先来共同了解一下对话教学的相关特征。

对话式教育的本质特征体现为言语、交往与理解、质疑与批判，它以促使学生自我意识的觉醒、关切生命的价值与尊严、培养学生的创新精神为教育目标。③ 对话教学强调的是师生间的交往、互动，通过师生的互教互学形成一个真正的"学习共同体"，在平等、和谐的教学氛围中，让学生融入课堂实践，成为课堂的主人，并在对话中提高语言表达能力。因此，在新课程改革教学实践过程中，对话教学模式越来越受到重视。

"问题对话"式教学是以问题为核心，对话为形式，进行发展性教学的一种思想方法。问题与对话具有内在的关联。④ 这种教学模式有利于培养学生的听说能力、良好的读书习惯以及思维能力。它围绕新课改教学理念，以打造民

---

① 王悦琴. 试论教学中的情感激励法 ［J］. 中小学管理，2002（8）：21.
② 冯广芬. 高中语文课堂有效评价激励探究 ［J］. 语文学刊，2008（20）：32 - 33.
③ 林瑞青. 对话式教育基本问题再认识 ［J］. 现代大学教育，2007（1）：19 - 23.
④ 安世遨. 基于问题的对话教学模式研究 ［J］. 教育理论与实践，2016（1）.

主、平等、和谐教学环境为宗旨，力求让学生在寻求、探索解决问题的思维活动中，掌握知识、发展智能、培养技能，进而培养学生发现问题、解决问题的能力。"问题对话"式教学是以问题为核心展开的有质量的对话，这就对问题的思维品质有了更高的要求，学生在解答、质疑、对话的流程中把学习知识的过程，变成自主探究的"再发现""再创造"的过程。由此看来，"问题对话"式教学是创建高效课堂的最佳模式。

（二）"问题对话"式流程

1. 问题的提出

问题提出的过程，是师生双方共同提出问题和解答问题的过程，这一过程要收到的预期效果，达到的最终目标，简而言之就是"有效提问"。有效提问可以促进学生思维的发展，增强学生的学习兴趣，有助于学生知识的构建和增进学生的语言表达能力。[①] 而要达到这种效果，必须符合几个基本特征：突出重难点、设计类型多样、新颖有趣、启发性强。

问题的提出紧扣教学重难点，有利于教学目标的完成。教学重难点是教学的重要部分，只有准确把握，重视到位，才能引导学生更进一步地挖掘教材本质内涵。在设计问题时，教师应深入阅读语文新课标及语文教材，结合学生情况，把握重难点；创设类型多样的问题，可依据学习内容和学生思维水平划分问题的类型与层次。针对不同学生的学习水平，设计出不同层次的问题，可使学生树立信心，激发学生的学习兴趣，让学生处于思维活跃的良好学习状态中。另外，明确问题的类型将有助于教师更明确地设计问题。同一问题，如能从一个新的角度去提问，学生就会感到新颖有趣，提高思考问题的积极性。[②] 创设的问题是否新颖有趣，是能否激起学生探究问题的关键，而这就要求教师在提问时灵活多变、"出乎意料"，吸引学生的注意力，让学生在源源不断的"活水"中学习知识、培养技能。启发性强的问题，实际上是具有高阶思维品质的问题，这样的问题，不会让学生局限于教材之中，而是为他们提供了一个可以瞭望未来、瞭望世界的平台。启发性问题让学生的思维更开阔，自主学习的能力不断增强，质疑与探究精神也得到了充分培养。让对话回归现实生活，

---

① 张迎春，牛文苗，沈善良. 教学有效提问：从理解到行动［J］. 当代教师教育，2011（1）：67－71.

② 董峰. 浅议"提问"技巧［J］. 学苑教育，2011（10）：49.

贴近学生的生活实际，从而促使学生在对话中感悟人生，学会生活、学会做人。① 问题的提出是"问题对话"式教学的基石，如同金字塔的底端，它是课堂有序开展的前提。

2. 问题的交流

问题的交流是一种合作学习方式，是师生之间、生生之间相互认同与接纳、相互合作的认知过程，学生积极主动参与到问题交流中来，从中获得启迪、获得灵感。在语文教学中要让语文课"流动"起来，让学生在交流与互动中焕发活力，通过学生与文本、学生与学生、学生与教师之间的多向交流，碰撞出思维火花，促进学生潜能的发挥，培养学生的语文素养。② 问题的交流大致分为师生交流与生生交流两种形式，这两种交流形式需建立在生本交流的基础上。

在课堂交流过程中，师生之间的讨论交流要充分体现过程平等性，学生只有在感受不到权威束缚的课堂环境中，才能够充分发表自己的意见，学生的讨论过程才能成为生动活泼的发展过程。师生之间的交流有利于拉近师生彼此的距离，融洽关系。良好的师生关系是教育产生效能的关键，而良好师生关系的建立离不开师生间的良好沟通。③ 教师可从学生的丰富问答中发现其闪光点，鼓励他们个性化解读，培养创新意识，教师则可以从中获取理解问题的新角度，了解学生的思想动向。为了提高学生的讨论兴趣，教师要进行积极有效的引导，并参与其中，充分发挥主观能动性，贡献自己的力量，与学生产生思想上的共鸣，共同进步。

生生交流需要建立在互相信任、彼此真诚相待的基础上，唯有如此，才能实现资源与信息的共享与整合，完成情感、心灵上的真正交流。在以往教学中，生生交流没有受到重视，教师忽略了生生交流的积极影响。④ 生生交流的过程实际上是对教材内容深入探讨的过程，学生从中发现问题、质疑问题的过程是不断扩展和完善自我的认知过程。在这一交流过程中，既培养了学生的合作精神和合作意识，也让他们学会了与人交往、与人协作、欣赏和尊重他人。问题的交流是"问题对话"式教学的重要环节，有效的交流在开启学生思维

① 袁志忠，袁带秀，胡文勇. "对话式教学"之我见［J］. 当代教育论坛·教学研究，2010（6）.

② 叶广军. 让语文课堂成为学生交流与互动的舞台［J］. 考试周刊，2017（1）：28.

③ 张金福. 倾听——师生沟通的有效方式［J］. 当代教育科学，2007（16）：54－55.

④ 袁志忠，袁带秀，胡文勇. "对话式教学"之我见［J］. 当代教育论坛·教学研究，2010（6）.

的同时，也为课堂的有序进行提供了保障。

3. 问题的探究

问题探究教学的研究是对传统教学模式的一种反思。让问题深深植入中学语文课堂之中，植入学生心中，使他们真正成为能够独立思考问题，具有探究性和创新性的人才。① 在语文探究学习中，课堂是开放的，学生是探究活动的主体，教师仅是一名组织者、管理者和协作者，必要时才适当给予启发引导。学生最初的探究能力、探究程度都处于低层次，这就要求教师把握学生的知识结构水平及教材的难度，帮助学生从半独立探究过渡到独立探究，从单一问题的探究过渡到复杂问题的探究，从参与局部的探究过渡到掌握全过程的探究。有效过渡的前提是教师为学生选择切实可行、符合思维发展的问题，并在学生探究过程中起到指导、促进作用，保证探究的顺利进行。

问题探究的过程应是循序渐进的过程，学生要对问题进行由易到难、由浅到深的探讨研究，不可流于表面，做无实效的付出。② 在通过交流完成资源共享的基础上，学生之间互相合作查找相关资料，确保问题探究的深刻性。同时，教师要让学生在探究过程中品尝到学习的乐趣，并调动课堂积极性，使学生的求异思维得到强化。可见，问题探究学习突出的是实践性、开放性、自主性和过程性。③ 探究课堂不是教师的"一言堂"，而是学生积极参与探究学习，这样的课堂才是完美的课堂。在问题探究过程中，教师应运用多种手段，激发学生的探究兴趣，让学生自主参与、探究学习，成为课堂的主人。问题的探究是"问题对话"式教学中对文本内容的升华部分，通过探究找寻文本精髓，使课堂教学更有深度感和厚重感。

4. 问题的解答

问题教学的三个阶段即提出问题、分析问题和解决问题，三者有机结合形成了一个基于问题的对话教学模式。④ 根据对话教学模式的不同组织形式，问题的解答可分为教师解答、学生解答、师生交流后的共同作答。

教师对问题的解答要具备两个特点：启发性和引导性。解答的启发性表现为教师的解答过程能够从不同维度给予学生思考问题的启示，并给予学生想象的空间和时间，让学生在原有知识的基础上，拓宽视野，深化思维，培养提出

① 王巍. 中学语文问题探究教学的研究［D］. 长春：东北师范大学，2011.
② 叶广军. 让语文课堂成为学生交流与互动的舞台［J］. 考试周刊，2017（1）：28.
③ 申真真. 对话教学对课堂问题生成的支持研究［D］. 成都：四川师范大学，2015.
④ 安世遨. 基于问题的对话教学模式研究［J］. 教育理论与实践，2016（1）.

问题、分析问题、解决问题的能力。新课改要求我们实行启发式教学，而教师的启发式解答能够激发学生的创新意识，突出学生的主体地位。解答的引导性表现为教师的解答过程能够让学生的思维能力、情感态度与价值观等方面得到进步和发展。现代教育理念强调学生的自主合作探究，要充分发挥学生的主体地位，教师就要恰到好处地进行引导，让学生朝着最正确的方向前进。① 教师是课堂的引导者，由浅入深的引导可以引发学生的探究与争鸣，指导学生对所学知识进行思索。教师引导式解答可让学生做到不固守、不盲从，有条不紊地进行问题探究。

学生对问题的解答要具备两个特点：多元化和个性化。多元化解读是追求文本解读的"宽度"，个性化解读是实现自我个性化的"高度"。实现"高度"，要有"宽度"作为坚实的基座。学生在受到教师较好的启发和引导后，对同一问题就会产生不同角度的认知与解读，即多元化解读，在这一过程中，教师应尊重学生的不同观点和看法，要引导学生积极思考、积极发言，让学生学会表达交流。同时，为避免因多元化解读产生的误读、偏读现象，教师还应对学生的认识进行必要纠正、补充或提升。语文个性化学习的实质就是学生根据语文学科的特点，按照自己的个性特点去学习，使自己的个性得到充分的发展。② 对于那些语文素养高、知识储备广、认知水平有深度的学生，教师应鼓励其进一步探索，大胆创新，并进行适时、恰当的评价。

纵观目前语文教学，"热闹"的课堂却出现与语文新课改精神相悖的现象，比如师生对对话理论的片面理解、游离主题的对话、教师对话性讲解的缺失等都影响着对话教学的顺利开展。③ 师生交流后的共同作答是师生进行再质疑、再探究后的总结作答，这是问题解答的最高境界。师生交流后的共同作答，是实现双方共同学习、共同发展的有效手段。新教材理念强调课堂不仅仅是"教"与"学"，更是建立良好师生关系和师生互动共同解决问题（包括疑难问题）的场所。师生的共同参与，使课堂不再是阻碍学生发展的"一言堂"形式，教学氛围民主、平等，课堂气氛活跃，学生积极主动、敢于提问、善于发言，为学生的全面发展提供了平台，同时也奠定了基础。问题的解答是"问题对话"式教学中知识接受及掌握的环节，有效的解答是课堂教学的关

① 姜奎. 谈教师引导作用的发挥 [J]. 文学教育（上），2012（2）：134.
② 张伟. 语文个性化学习初探 [D]. 济南：山东师范大学，2006.
③ 王秀丹. 新课改背景下语文对话教学的问题及对策研究 [D]. 岳阳：湖南理工学院，2017.

键，学生课堂收获的程度是评判高效课堂的标准之一。

5. 问题的拓展

拓展学生思维，是教学的基本目标。问题拓展的有效性，将会影响师生"双赢"的效果。如何设计科学合理、延展性强的拓展问题，从更高层次上对语文教师提出了要求。① 课堂中，教师应随时根据学生生成的问题，改变预设的程序，进行有效拓展，在问题生成中，要甄别优劣，选择恰当的问题作为开启学生思维拓展的金钥匙。问题的拓展需遵循以下几个原则：

（1）问题的拓展要具有文本性。"读文必须悟道，悟道要会读文。"课程文本不但有"意义"，而且有"意味"。② 文本是教学活动的依附体，更重要的是一切问题的生成都源于文本，离开文本的拓展是无本之木、无源之水。围绕文本来考虑和设计，问题的宽度和深度才更有实质性意义。文本拓展，要超越文本，更要反哺文本。

（2）问题的拓展要具有必要性。拓展延伸是对学生创新意识的培养，那些对教学知识的过分拔高，脱离大多数学生的知识水平，只对少数几个学生起作用的问题拓展是缺乏实效性的，不但不能达到目标，反而起到了打击学生积极性的反作用，失去了拓展的意义，这样的拓展是完全没有必要的。③

（3）问题的拓展要具有适度性。拓展要符合不同学生的认知水平，要关注学生的接受能力，要具有可实施性，不以量多取胜。有效的拓展，内容不在于多，而在于恰到好处。适度的拓展可引导教学进程，让课堂教学在健康有效的轨道上发展。④ 问题的拓展是"问题对话"式教学中问题有效延伸的环节，是对学生创新意识培养的深刻体现，能够让学生及时获得情感体验及对主题的提升。

---

① 陈春蓉. 多维设计，有效拓展——关于高中语文课堂教学"拓展延伸"的问题设计［J］. 海峡科学，2017（2）：86－87.

② 杨道宇. 论课程文本的"意义"与"意味"［J］. 全球教育展望，2013（7）.

③ 贺丽萍. 语文拓展性阅读教学的必要性和重要性［J］. 中国科教创新导刊，2007（27）.

④ 高向斌."对话教学"八问［J］. 教育科学研究，2010（4）.

第五章 "问题对话"式教学方式

好的先生不是教书，不是教学生，乃是教学生学。

——陶行知

"问题对话"式是基于学生主体地位的教学方式，其出发点是以人为本。"问题对话"式教学的开展应该侧重于学生的自主学习、合作学习、探究学习、交流学习。下面就具体方面，对"问题对话"式教学方式进行剖析。

一、自主学习

（一）自主学习的含义及策略

1. 自主学习的含义

联合国教科文组织出版的《学会生存》一书中说："未来的文盲不是不识字的人，而是没有学会怎样学习的人。"北京师范大学外文学院院长程晓堂教授认为自主学习主要包括学习者的态度、学习目标、学习方法以及学习模式，这从狭义和广义的角度对自主学习给予了界定。福建师范大学基础教育课程研究中心常务副主任余文森教授认为，自主学习是一个与他主学习相对立的概念，是对学习本质的概括。① 自主学习是一种主动的、有目标的学习，是学生能够在教师的引导下主动确定学习目标、选择学习方法、监控学习过程、评价学习结果的学习过程。② 结合以上几点关于自主学习的定义，笔者认为自主学习主要指的是本着以学生为中心的教学理念，学生在教师的引导下进行学习，通过独立的思考和探索获得知识进而提高自己的理解能力、思维能力以及探索能力。学生众多，而教师的精力毕竟有限，不可能针对每个学生面面俱到，所

---

① 孙永华. 培养学生学习语文的自主能力［J］. 语文教学与研究：综合天地，2005（1）.

② 曹盛华. 自主学习理论与学生自主学习能力的培养［J］. 华北水利水电大学学报（社会科学版），2011（10）.

以加强学生的自主学习能力，为学生创造自主学习的条件和环境，是一种有效的教学途径。

2. 自主学习的策略

（1）激发学习兴趣。兴趣是最好的老师，也是学生进行自主学习的前提和保障。自主学习对学生的自觉性以及自律性有很高的要求，如果没有兴趣的支撑，学生的自主学习就很容易半途而废。这就需要教师务必在以人为本的教学理念的指导下，充分激发学生的学习兴趣，使学生产生学习的欲望和动力，并通过对学习意识的提升，促进学生养成良好的学习习惯，进而产生持久的学习兴趣，并内化为持久的学习动力。① 学生虽然众多，但是如果能在学习兴趣上达到普遍的一致性，也就是说学生能够在一个学习氛围浓厚的环境中感受到学习的快乐，那么自主学习的优势也是可以得到显现的。

（2）教师适时引导。自主学习是自己作为学习的主人——学习是我的事情，我能够学，我尽量自己学，不懂的、不会的，我在同学的帮助下，在老师的引导下再思考。② 学生毕竟是学生，自主学习虽然有利于加强学生的学习效果，但是学生的理解能力和思考能力毕竟不足，教师的适时引导是非常必要的。教师适时引导学生，不但能够帮助学生及时有效地排解学习中产生的问题，而且对于学生有效学习习惯的养成，学习思路以及学习视野的拓展，有着很好的指引作用。教学应坚持以班级授课制为基础，注重吸收其他教学组织形式的优点，对传统的班级授课制进行一定的改造。③ 在这样一个庞大的集体之中，教师采用的适时引导方式要注意多元化。既可以一对一，同时也可以针对学生普遍存在的一些问题进行统一讲解或指导。另外，教师还要注意和谐互助班集体的建设，在此基础上发挥成绩优异学生的主体地位，通过成绩优异学生的帮扶，使学习有问题的学生得到进步，无形中也提升了好学生的自主学习能力。在学习场域中，自主是学生自主学习的现实基础和前提保障，只有具备一定程度的自主性，学生才能进行自主学习，进而才有自主成长的能力。④ 但也需要教师的适时引导。

———————

① 涂阳军，姚利民. 学生学习兴趣发展研究述评及其启示［J］. 外国教育研究，2012（4）.

② 孙永华. 培养学生学习语文的自主能力［J］. 语文教学与研究：综合天地，2005（1）.

③ 潘洪建，仇丽君，朱殿庆. 大班额教学现状、问题与对策［J］. 教育科学论坛，2012（8）.

④ 刘畅. 学生自主学习探析［J］. 教育研究，2014（7）.

（二）"问题对话"式自主学习实践

1. "问题对话"式自主学习案例（以课前预习为主）

"问题对话"式自主学习以《荷塘月色》为案例进行教学。

学生在预习这篇课文时，教师要引导学生带着这样的问题来开展自主学习，进而把握全文的主旨：

（1）作者"这几天心里颇不宁静"的原因。

（2）文章的意境是通过哪些描写来营造的？

（3）作者的情绪随着荷塘的描写发生了怎样的变化？

这篇课文作者的主旨隐藏得比较深，乍看是写景，其实是借景抒情。借的是荷塘、荷叶、荷花的景，学生对这一点可以理解，但是抒的什么情，学生可能通篇读下来也不知所以。作者"不平静"的原因是家事还是国事，如果没有更多的资料予以补充，学生是很难知道答案的。这时，教师就可以借助"问题对话"式对学生予以启发，促进学生自主学习的顺利开展。比如教师可以这样问："同学们，你们看一下这篇课文的写作时间是 1927 年 7 月。那么在这一年中国都发生了哪些事情，你们知道吗？"历史不错的学生就会想起当时的"四一二"反革命政变，白色恐怖笼罩着中国大地。"那么，在那样的人心惶惶的时代，任何一位有良心的知识分子内心都应该是抑郁的，对黑暗社会不满但又无能为力，只得寄情于山水，那么这篇课文中我们的朱自清先生是不是也会有类似的感受呢？"通过教师这样的启发，学生对于作者开头所写的"这几天心里颇不宁静"的原因自然心领神会，自主学习得以顺利进行。对于上述的问题，学生也就能够在自主学习中得以解决。

2. "问题对话"式自主学习效果分析

对于"问题对话"式自主学习，教师的引导和启发是相当重要的。如果失去教师的启发，学生的学习一定是混乱的。[1] 对《荷塘月色》这篇课文的学习，预习是重点，结合时代背景去把握作者的思想主旨是难点。只要教师帮助学生突破这个难点，学生的自主学习就可以顺利开展。对于作者为什么要在那样一个风雨如晦的时代营造出这么美的荷塘意境，学生就会在主旨的引导下进行思考：作者之所以营造这样一个美的乐园，难道不是为了在精神上反抗国民

---

① 刘轶群，周晋. 探讨新课程下高中自主学习教学模式［J］. 文学教育（中），2011（5）.

党统治下的黑暗现实吗？把这至美之荷塘和丑陋的现实做对比，用自己的笔去控诉国民党的统治，荷塘写得越美，越能反衬出社会的黑暗。学生的自主学习不但得到了有效开展，而且在理解上，也能够按照教师的启发达到深入甚至深刻的程度。在学生自主探索和合作交流的过程中，教师要引导学生真正理解和掌握基本的知识和技能、思想和方法，促进学生全面、持续、和谐地发展。①

二、合作学习

（一）合作学习的含义及策略

1. 合作学习的含义

合作学习的概念兴起于 20 世纪 70 年代的美国。由于它在改善课堂学习气氛，大面积提高学生学习成绩上效果显著，很快得以在教育界推广。美国斯莱文教授指出："合作学习是使学生在小组中从事学习活动，并根据他们整个小组成绩获取奖励或认可的课堂教学技术。"四川师范大学朱丹教授认为合作学习是一种"激发学生的社会属性，提升学生的合作意识，养成学生的合作智能"的学习形式。基于诸多对合作学习的认识，可以给合作学习下这样的定义：合作学习是指学生为了完成共同的任务，有明确的责任分工的互助性学习。随着社会分工的日益扩大，光靠个人的力量是很难适应未来社会发展的。而合作学习不但能够改善学习氛围，也有助于学生通过合作促进彼此了解，进而增进友谊，这对于教师教学工作的顺利开展，无疑是非常有帮助的。合作学习作为重要的教学方式和策略，被教师广泛采用，因而教学效率得以提高。②

2. 合作学习的原则

合作学习要以平等、理解、和谐为原则。由于每个学生的学习水平和学习基础不同，在合作学习过程中难免会产生各种各样的问题，干扰了合作学习的有效开展。这就需要教师和学生首先在认识合作学习的重要性上达成一致意见，在此基础上，本着互相尊重、互相帮助、互相激励的学习理念，才能达到合作学习的效果。③ 只有在这样的原则指导下，学生在合作学习中才能感受到合作学习的意义和价值，进而通过合作学习促进自身学习能力的提升。

① 丁东亚. 如何发挥教师在合作学习中的引导作用 [J]. 才智，2008（2）.

② 郝琦蕾，姜凌娟，王建保. 合作学习理论与实践研究的回顾与反思 [J]，天津师范大学学报（基础教育版），2016（10）.

③ 贾正梅. 合作学习在高中数学课堂中的应用 [J]. 教育教学论坛，2012（18）.

3. 合作学习的策略

（1）注重合作学习内容的选择。学习内容是合作学习的基础。合作学习的目的是通过合作这样一种形式促进学生对合作内容的理解，加强学生对知识的掌握程度。这就需要教师对合作学习内容进行甄别和遴选，为学生选择那些适合合作学习的内容，而不要把更适合学生独立思考的内容放在合作学习中。[①] 此外，在合作学习内容的难易程度上，教师也要注意从学生的实际出发，结合学生的思维特点，选择那些学生能够通过合作学习达到深刻理解的学习内容，也就是说学生"跳一跳"就能够摘到"果子"，而不是再怎么"跳"也无法理解的内容，否则就得不偿失了。

（2）注重合作小组学习的差异。对学生不能用一把尺子衡量，按一个标准要求，从一个起点教学，照一个模型塑造。[②] 小组学习的最大特点是学生的差异性比较突出。这既是合作学习的教学依据，同时也为合作学习制造了一定的干扰。教师作为合作学习的引领者，必须要注重学生的个性差异，保障学生的合作学习不因个体间差异性受到影响，使每个学生都能在合作学习中找到自己的位置，发挥自己的优势，进而营造良好的合作氛围，同时，也要利用这种学习能力、文化背景、知识背景的差异，促进学生之间的互动和了解，使学生在多元化的观点和感知中，增大知识面和感受力，拓展学生的认知视野，增强学生的合作学习兴趣。

4. 合作学习的方式

合作学习的方式众多，但主要有以下几种：

（1）讨论式合作学习。讨论式合作学习主要是让学生对某一个具体的内容，结合课本和自己的认识进行讨论，各抒己见，最后在讨论的结果上达成共识。[③] 讨论式合作学习是常见的一种教学方式，尤其是在小组合作学习中，学生针对教师给出的讨论内容进行表达，可以打破学生的思维定式，有助于学生的全面理解。

（2）问题式合作学习。问题式合作学习主要体现在教师和学生之间。教师通过不断提出具有启发性的问题，带动学生的学习兴趣和动力，引导学生加

---

① 何志学，何君辉．合作学习模式在课堂教学中的应用研究［J］．教育理论与实践，2003（20）．

② 卢婷．大班额分层教学的行动研究［D］．扬州：扬州大学，2013.

③ 郝琦蕾，姜凌娟，王建保．合作学习理论与实践研究的回顾与反思［J］，天津师范大学学报（基础教育版），2016（10）．

深对所学知识的深入理解。① 此外，学生也可以针对自己的问题对教师提出疑问，借此形式增强学生的主体地位，进而帮助教师提升教学质量。

（3）表演式合作学习。表演式合作学习是一种更加灵活多样的教学方式。这是教师针对教学内容，和学生一起通过表演等来模拟教学内容，从而提升合作学习效果。表演式合作学习可以是朗读课文，可以是以课文为蓝本进行艺术表演，主要有小品、话剧等艺术形式。表演式合作学习要适时适度，以营造良好的学习氛围为主要目的。

（二）"问题对话"式合作学习实践

1. "问题对话"式合作学习案例

"问题对话"式合作学习以戴望舒的《雨巷》为案例进行教学。

这是一篇非常有影响力的中国现代诗歌作品，其原因在于任何人读过之后首先感受到的是文字的讲究和精美，而意境也在优美律动的文字带动下得到了彰显。这首诗歌堪称中国现代最美的诗歌之一。叶圣陶说这首诗"替新诗的音节开了一个新的纪元"诚然不虚。学生在读了这首诗之后，首先感受到也一定是这样一种艺术般的美。

在这首诗歌作品的学习中，教师可以设置这样一个问题："同学们，这是一首非常优美的诗歌，我相信你们都感受出来了，那你们可以说说这首诗的哪些地方使你感到美吗？由于咱们班人数比较多，我建议你们最好几个人一起合作探讨，然后你们再想想，为什么这首诗会写得这么美，是诗人有意为之，还是有什么难言之隐？"

这时学生就会自觉地把自己的感悟分享给其他同学。有的学生说感受到美是因为排比句式的应用，比如"丁香一样的颜色，丁香一样的芬芳，丁香一样的忧愁"；有的学生说是因为"彷徨""忧愁""寂寥"这样的字眼反复出现；有的学生说不只是词语重复了，而且句子也重复了，比如"撑着油纸伞"，以及"结着愁怨的姑娘"等。通过合作学习，学生对于这首诗所呈现出来的美有了比较全面的认识。

对于教师的另一个问题，学生会产生一定的分歧，有些学生说："这是诗人有意为之，因为正是这么多重复和排比的应用，才使这首诗读起来那么美，至于难言之隐，即使有，也不影响对这首诗的理解。"而有的学生会说："老师，诗人的难言之隐我觉得是有的，因为彷徨、寂寥、愁怨，本身就是诗人一

---

① 何志学，何君辉. 合作学习模式在课堂教学中的应用研究［J］. 教育理论与实践，2003（20）.

种思想的表达，表现了诗人的内心世界是苦闷的，至于是什么造成的，这就需要结合诗人的性情以及时代背景去理解了。"

至此，在合作学习的带动下，学生对这首诗有了比较恰当的认识。

2. "问题对话"式合作学习效果分析

由于《雨巷》这首现代诗歌比较浅显易懂，学生在理解上一般没有什么问题，合作学习的效果也比较满意。但是任何诗歌作品，尤其是名家作品，一般都比较注重以诗言志，这首优美的诗歌作品同样也有这样的特点。在深层次的把握上，教师可以结合时代背景对这首诗进行充分的解读，也可以对这首诗所传达出来的愁怨和寂寥等情感进行分析。分层教学是指为了照顾学生的个别差异，使每个学生都能得到适合自己特点的个别教学策略。[1] 教学的特点可以在这首诗上体现出来，即教师可以只是结合这首诗对诗歌文本进行解读，以满足大多数学生的学习需求，而对学有余力者，教师可以布置作业的形式，让学生在课下通过合作学习，对这首诗歌作品进行更深入的解读，比如正是因为诗人个性的轻柔、忧郁和时代的重压，才使《雨巷》成为现实黑暗和理想幻灭在诗人心中的投影等。

三、探究学习

（一）探究学习的含义及策略

1. 探究学习的含义

最早提出在教学中使用探究方法的是杜威。他认为，科学教育不仅仅是要让学生学习大量的知识，更重要的是要学习科学研究的过程或方法。它既是一种学习观念，又是一种具体学习模式。[2] 东北师范大学邹红军以及柳海民两位学者对探究学习有这样的思考："所谓探究学习，本质上是学生依据自身的全部智力水平所给予事物现象和本质的一种智能关照，这种智能关照既可以是学生自己做出的，也可以是教师的指引和帮助。"由此可知，探究学习指的是教师引导学生在主动参与的前提下，使学生根据自己的猜想或假设，对问题进行研究，在研究过程中使学生自主构建知识体系的一种教学方式。新课程改革就是要将学生作为教学活动的主体，调动学生的自主学习积极性，让学生参与学习活动，发展个性，创造思维。[3] 在高中语文教学中，探究学习指的是学生通

---

① 卢婷．大班额分层教学的行动研究［D］．扬州：扬州大学，2013.

② 徐学福．探究学习的内涵辨析［J］．教育科学，2002（3）.

③ 陈盛．新课程的自主合作探究学习模式［J］．读写算（教研版），2016（1）.

过阅读、理解、感受、分析等一系列探究行为，建立对课文的整体把握，从而提升学生自身的人文素养和语文修养的教学模式。

2. 探究学习的原则

探究学习要在一定的原则基础上才能发挥其优势。这些原则主要包括：

（1）目的性原则。目的性原则主要是指教师对于探究内容应该达到的探究目的以及探究学习应该发挥的作用要做到心中有数，并以此为原则进行探究教学。探究学习不是无目的的探究，而是要有计划、有目的、有步骤地引导学生对所学内容进行探究，使学生在探究目的的指引下达到探究效果。

（2）主体性原则。探究学习是以问题为核心展开教学过程的一种高智能学习方式，它具有主体性、探究性、实践性、合作性、过程性等特征。① 主体性原则就是要以学生为探究主体，教师要充分尊重学生的探究能力，信任学生的探究能力，鼓励学生开展探究实践，不要做过多的干预，也不要浅尝辄止、蜻蜓点水，以此才能使学生在探究过程中感受到探究的乐趣。

（3）创新性原则。探究学习倡导学生主动参与、乐于探究、勤于动手，培养学生搜集和处理信息、获取新知识、分析和解决问题的能力以及交流与合作的能力。② 探究学习离不开学生创新思维的辅助，也只有基于创新性的探究学习，才能使探究有意义、有价值。每个学生在探究学习中都有自己的思考，如果教师不注意创新性原则，学生很容易对探究学习产生厌恶感，甚至对教师的教学能力产生不信任感。

3. 探究学习的策略

（1）加强学生的主体地位。探究学习教学方式的开展需要教师认识到探究学习的重要性，在此基础上，激发学生的探究意识和探究思维，帮助学生树立主人翁学习态度。由于学生发言机会少，这在一定程度上削弱了学生的学习主动性，接受并习惯教师的灌输式和填鸭式的教学。在学生学习的整个过程中，应该构建学生自主性学习模式，挖掘学生学习的潜在动力，培养学生学习的自主性、积极性，促进学生个体的积极发展。③ 有鉴于此，为了提升教学质量和效果，教师就要依据教学现实，给学生更多自主探究学习的时间，以此提高学生的学习动力和质量，培养学生的科学学习习惯。

---

① 孙志璞，苏继红，陈淑清．关于探究性学习的几点思考［J］．教育探索，2006（4）．

② 何强生．语文探究性学习研究［D］．上海：华东师范大学，2008.

③ 颜家国．对学生自主性学习的研究［J］．贵阳师专学报（社会科学版），2002（3）．

（2）加强教师的指导作用。探究学习相比于合作学习等形式，需要学生具备更多的独立思维和思考能力。但是传统教育制式下的学生，普遍存在独立思考和探究能力相对不足的问题，这就需要教师对学生的探究方向和探究方法进行指导，使学生形成正确的探究模式，只有在教师指导的基础上，探究学习的效果才能凸显出来，否则学生在探究的过程中就很容易盲目，并在探究迟迟得不到发展的时候失去探究的动力，影响探究学习的开展。①

4. 探究学习的方式

（1）小组式探究学习。小组式探究学习强调学生合作、参与体验，并在教师指导和点拨下展开具有探究性和一定创造性的教学活动。② 小组式探究学习是以小组的形式进行探究，是最常见的教学和学习形式。学生通过自由组合或者在教师的分类下组成小组，在小组中对问题进行研究和探索，最终得出结论。这种学习方式可以通过营造小组氛围，促使学生去钻研问题，在小组中大家一起思考、一起交流，通过思想的碰撞找到解决问题的突破口。

（2）个体式探究学习。个体式探究学习是最主要的探究形式，是学生自己通过预习、解题，以及作业等学习环节，对所学知识进行消化吸收，在这中间，针对具体的问题产生各种探究和思考。教师要正确对待和评价当代中学生个体性学习动机，通过了解当代中学生现有的个体性学习动机的状况，培养和激发学生学习的积极性。③ 学习终归是学生自己的事情，一切探究学习都要最终归结到个体的探究学习上来。个体式探究学习可以是学生自己查资料，也可以是学生针对自己的问题主动去向教师或者其他同学请教，达到促进自身学习的目的。

（3）启发式探究学习。课堂教学在启发式思想的指导下，必定成为提高学生自主学习、自主创新能力的有效手段。④ 运用启发式探究学习方式的教师在课堂上对全体学生提出有探究意味的问题，使学生根据教师的问题及时作出思考，并予以回答。在这样的互动教学中，教师能够随着教学进度的进行，随时对学生提出具体的问题，既能促进教学的发展，也能有效调动起学生的注意力，保障教学的有效开展。因为教师的这种启发式提问是突然出现的，学生在探究的过程中必须要及时予以回应，这就既锻炼了学生的探究效率，也活跃了学生的思维。

---

① 何强生. 语文探究性学习研究［D］. 上海：华东师范大学，2008.
② 林琳. 高中数学小组探究式教学的实践研究［D］. 天津：天津师范大学，2012.
③ 孙建新. 当代中学生个体性学习动机研究［D］. 北京：首都师范大学，2004.
④ 齐惠云. 运用启发式教学提升自主学习能力［J］. 中国校外教育（理论），2008（8）.

（二）"问题对话"式探究学习实践

1. "问题对话"式探究学习案例

"问题对话"式探究学习以《拿来主义》为案例进行教学。

《拿来主义》是鲁迅的一篇杂文，寓意比较深刻，为探究学习提供了很好的样本。学生在学习这篇课文时，如果不能吃透文本内容、不能站在时代的背景下、不能站在作者的角度，就很容易对什么是拿来主义把握不准。其实，不要说学生了，就算教师，也可能在教学中对于拿来主义没有一个清晰的认识。所以教师在开展这篇课文的教学时，一定要在严谨思维的指导下，和学生一起来探究鲁迅所要表达的真正思想。

教师可以给学生抛出如下几个探究问题，然后在一步步的否定中，最后认识拿来主义的要义。

（1）英国的鸦片是不是拿来主义，为什么？

（2）接受大宅子，却跑进卧室吸鸦片的穷青年是不是拿来主义，为什么？

（3）憎恶鸦片，把鸦片摔在茅厕里，而不是送到药房以供治病是不是拿来主义，为什么？

针对第一个问题，有的学生说不是，因为鸦片不是拿来的，是送来的。然后教师问学生："送来的不好吗？难道不比拿来的省事吗？"学生回答："送来的是别人送来的，而拿来的是有选择的，我可以捡好东西拿，但是送来的东西没有经过我的同意和认可，如果是鸦片这样的坏东西的话，那么对我来说就是一种伤害。"

至此，学生的探究学习有了效果，对于拿来主义有了比较深刻的认识。对于后面两个问题，学生和教师依然可以采用这样的方法进行，最后对鲁迅的深刻思想产生由衷的敬佩。

2. "问题对话"式探究学习效果分析

对于《拿来主义》这样的课文，探究学习的效果显著。学生在学习这篇课文的时候肯定会有理解上的难处，无论是让学生自主学习还是合作学习，由于理解能力的不足，恐怕都不能很好地理解这篇课文。而探究学习就可以很好地解决这个问题，事实上，正是在教师和学生这样的互动探究中，使这篇课文的主旨在一层一层的剥落中得以彰显，从而保障了学习效果。在这种无声的对话中，学生可以依靠自身的知识背景、文化修养和人生体验等先前的知识构建和生成带有自己个性色彩的新的文本意义。①

四、交流学习

（一）交流学习的含义及策略

1. 交流学习的含义

交流学习是指为同一个学习目的或者为完成某项学习任务而共同进行的探讨、研究的学习活动。② 交流学习是一种重要的学习形式。美国哈佛大学研究员布朗说："交流学习是人类最基本的学习方式，是人类从诞生之日起就迫于生存需要产生的学习技能。"华东师范大学蒋亦璐与高志敏两位学者经过研究发现："建立在学习基础上的交流，是通过信息传递的载玻片呈现在交流者的显微镜下，进而使交流者在别样的学习景观中丰富学习内容和视野。"语文学习上的交流学习指的是通过语言或者其他形式进行沟通，以传达信息，增进了解，促进语文学习的学习形式。现代教育的开展离不开交流，交流是人与人传达信息的最主要方式，也是学生和教师、学生和学生表达自己的认识，进而推进学习和教学开展的重要方式。在"问题对话"式这样一种教学方式中，交流的意义和价值有着更加重要的地位。

2. 交流学习的原则

交流学习的原则主要有如下两点：

（1）有效性。就人文性来说，小组合作学习为学生营造了更为开放的学习氛围，有利于学生在资源共享、相互交流的过程中提高人文素养。③ 交流学习的目的不是交流本身，而是要通过交流丰富学生的思想，拓展学生的观察和思考角度，从而使问题在交流中不攻自破。其间，教师要时刻观察学生的交流情况，既要确保学生的交流和教学内容有关，也要增强学生的交流兴趣，促进交流的有效开展。

（2）及时性。交流一般是面对面的交流，这就需要学生增强交流的主动性和积极性，对交流内容做出及时思考、及时反馈，这样才能保障交流的进

---

① 袁志忠，袁带秀，胡文勇."对话式教学"之我见［J］.当代教育论坛·教学研究，2010（6）.
② 许敏.在教学中实施合作与交流学习模式刍议［J］.科技视界，2013（30）.
③ 王玲玲.新课程背景下高中语文课堂小组合作学习有效性研究［D］.大连：辽宁师范大学，2012.

行。① 交流的及时性还包括教师根据学生的交流内容和情况及时做出评价，纠正学生的交流偏差，挖掘学生的交流深度，使学生的交流学习始终在良性的轨道上进行。

3. 交流学习的策略

（1）注重有序性。有序性对教学效果影响甚大，否则不但降低了学生的参与度，也造成了教师对课堂的管理难度加大。② 采用交流学习方式时，很容易出现场面失控的情况，所以教师一定要注意学生交流学习的有序性。既要给学生充分的交流时间，使学生的交流氛围达到应有的水平，同时也要注意在一定的规则下进行。不但要使学生的交流围绕着一个主题，还要注意交流的礼貌性、兼顾性，使每一个学生都能在交流中获益，而不是因为口才的差异，致使表达欠佳的学生在交流中处于不利的地位，只能听口才好的学生交流。

（2）注重有效性。交流的有效性是原则和前提。教师要引导学生在交流中勇于表达自己的认识和看法，减小交流真空，降低交流空转时间，提升交流的效率。③ 与此同时，教师要准确把握交流时间，既给予学生充分的交流时间，保障交流的深度和效果，也要兼顾课堂时间。学生多，交流氛围较难营造，交流惯性较难控制，教师一定要结合教学内容，在适当的时候切入交流模式，不要一味采取交流学习的方式进行教学，以保障教学进度。④

（3）注重趣味性。趣味性交流是交流的润滑剂。无论是学生和教师之间，还是学生和学生之间，幽默风趣的交流语言，能够有效提升学生交流的兴趣和效果。交流是一个人综合素养的体现，干瘪空洞的交流内容反映的是一个人思想的贫乏，这种无趣的交流不但会使得交流流于浅表化，而且会使交流中断。教师要鼓励学生在交流中放松自己，促使学生把自己的个性凸显出来，为趣味性交流创造条件。

4. 交流学习的方式

（1）主动式交流。主动式交流是学生根据自己的学习情况和存在的问题，主动和老师或者其他学生进行交流。在现今这样一种班级制式中，由于教师教学和辅导的时间非常有限，教学质量的提升主要取决于学生的主动自主学习，所以营造主动性的学习氛围，是针对教学的重要措施。教师必须要营造宽松、

---

① 陈盛. 新课程的自主合作探究学习模式［J］. 读写算（教研版），2016（1）.

② 他夏多勒. 大班额教学之我见［J］. 青海教育，2010（9）.

③ 许敏. 在教学中实施合作与交流学习模式刍议［J］. 科技视界，2013（30）.

④ 王彦洁. 云南藏区小学集中办学大班额教学问题与对策研究［D］. 重庆：西南大学，2016.

自由、和谐的学习环境，激发学生主动提问、主动钻研、主动评价的学习动力，建立平等、民主的师生关系。除此之外，学生和学生之间也可以通过主动式交流促进进步。

（2）被动式交流。班级规模过大会影响学生的课堂参与机会，部分学生会被"边缘化"，成为游离于课堂之外的"边缘人"。[1] 被动式交流是主动式交流的重要补充，也是学生学习知识的重要形式。教师通过提问可以掌握学生的学习情况和水平，学生也能在回答教师的提问中，感受到自己学习上的不足，从而使师生之间建立正常的教学关系。师生互动是课堂教学中最主要的互动形式。[2] 由于被动式交流的局限，教师在教学中一定要加强对学生的深入了解，尽量做到对每个学生的个性和特点了如指掌，以此为基点的提问才能有针对性，也才能使学生感受到教师的关爱，激发学生从被动式学习转为主动式学习。教学的过程其实就是互动的过程，所有的教学都以交往形态出现，没有不以交往而存在的教学。[3]

（二）"问题对话"式交流学习实践

1. "问题对话"式交流学习案例

"问题对话"式交流学习以《寡人之于国也》为案例进行教学。

这篇课文虽然只是两位人物的对话，但深刻体现了以孟子为代表的儒家学说中"仁政"的概念。一位君王，一位布衣，二者的地位是有明显的差异的。该如何去说服这样一位君王施行仁政，确实是个问题，但是孟子在一问一答中，成功把自己"王道之始"的主张展现出来。教师在教学这篇课文时，可提出如下问题，使学生在交流学习中认识到孟子的辩论艺术。

（1）针对梁惠王的"尽心焉耳"，但是"邻国之民不加少，寡人之民不加多"的疑问，孟子采用了什么样的辩论方式？这样的辩论方式对于梁惠王这样一个辩论对象来说有什么好处？

（2）孟子是如何迫使梁惠王承认自己并非"尽心于国"，而只是临时应付，并非真正爱民的？

（3）这篇课文的辩论气势如虹，看看孟子的辩论语言有哪些特色。

---

① 杨文卉. 中学大班额课堂座位安排行动研究 ［D］. 扬州：扬州大学，2012.

② 杨文卉. 中学大班额课堂座位安排行动研究 ［D］. 扬州：扬州大学，2012.

③ 张广军. 本体论视野中的教学与交往 ［J］. 教育研究，2000（8）.

教育的根本目的在于尊重学生的个性，最大限度地挖掘每个人的潜能，以促使学生得到最大程度的发展。[①] 由于学生比较多，教师可以把学生分成几个小组，针对这些问题，让学生以小组为单位进行充分交流。由于这是一篇对话形式的文言文，教师可以让学生以扮演角色的方式进行交流学习。比如小组成员 A 扮演梁惠王，小组成员 B 扮演孟子，然后在一问一答中，感受文章的辩论力量。扮演梁惠王的学生要表现出梁惠王刚愎自用的性格特点，扮演孟子的学生要表现出不卑不亢的精神面貌，以此为基础进行问答和交流，使孟子的辩论特点充分表现出来。

当这种"问题对话"式教学的演绎进行到一定程度的时候，教师就可以让学生针对上面提到的三个问题进行充分交流。因为学生通过角色扮演已经对课文有了一定的认识，所以学生在交流中可以有的放矢。比如有的学生说："我觉得孟子之所以能够一点一点把自己的仁政主张表达出来，并且没有让梁惠王感到厌烦，主要原因在于孟子抓住了梁惠王的心理特点。面对梁惠王的提问，孟子没有直接回答，而是首先设了一个圈套，采用了一个比喻的方法，这保障了这场不对等的辩论能有效进行。"有的学生说："你说得没错，如果我是梁惠王，我也会被这样一种辩论方式牵着鼻子走，再联系下面的一些辩论技法，我真的觉得孟子简直是一位辩论大师，实在是太有魅力了。服了。"

诸如此类的交流，都能有效增强学生对这篇课文的理解。

2. "问题对话"式交流学习效果

这样的交流学习能使学生深切感受到文章的辩论气势，从而使学生认识到仁政的真正含义、叹服于孟子的辩论艺术，使教学效果得到保障。在这篇课文的教学中，教师要在辩论艺术上把握两点，一是孟子是如何循序渐进地把梁惠王引导到自己的辩论之中的，这一点要侧重于比喻说理和反诘句式的应用；二是在语言上，孟子都有哪些自己的辩论特色，这一点教师要侧重于排比和对偶等用法的讲解。总之这篇课文只要把握好这两点，学生就能够对这篇段落分明、层次井然、环环相扣的文章有一个比较深刻的理解。

---

① 王思. 美国中小学分组教学研究 ［D］. 保定：河北大学，2012.

下 篇

"问题对话"式教学实践

第六章　阅读与鉴赏教学活动

读书之法，在循序而渐进，熟读而精思。

——朱熹

阅读与鉴赏是语文教学重要的活动，也是课程目标、任务之一。恰当运用"问题对话"式教学能很好地实现这一目标、任务。

一、阅读与鉴赏教学价值

基于问题的对话阅读鉴赏活动既关涉教学主导者，又关涉学习主体者。阅读鉴赏能力对于教师、学生而言，都是语文核心素养的体现，也是检验教师教学能力高低和学生学习能力强弱的重要标尺。在阅读鉴赏活动中，真正意义上的"问题对话"是阅读者与作者通过文本而进行的真诚的交流。师生双方借助文本载体，以问题为切入点灵动对话，认知、理解、诠释文本，产生思想的共鸣，以此认识美、理解美、感悟美。

"问题对话"式阅读鉴赏活动在语文教学中的重要价值如下：

1. 阅读鉴赏活动提升思想境界

《普通高中语文课程标准（2017 年版）》"整本书阅读与研讨"学习任务群中指出，引导学生通过阅读整本书，拓展阅读视野，提升阅读鉴赏能力，促进学生对中华优秀传统文化、革命文化、社会主义先进文化的深入思考，形成正确的世界观、人生观和价值观。为了拓展自身的知识面以适应当今社会的要求，学生必须加强阅读。大多数学生都会在自己心中树立一个英雄形象或学习的榜样，而老师、科学家、军人、医生、工程师等这些崇高的职业人士往往会成为他们学习和模仿或崇拜的对象。相当一部分学生是通过阅读书籍来确立自己的学习榜样的，学生在阅读时会潜意识地将自己的思想和行为与书中所描述的人物形象进行比较，无形中提高了自身的思想意识和道德素质，并积极践行。在浩如烟海的书籍中，教师要依据学生兴趣选择经典作品，引导学生带着问题阅读，学生的身心将受到洗礼，在增长见识的同时又娱乐身心、提高思想境界。

2. 阅读鉴赏活动发展学生个性

如果学生整天埋于题海，不关心世事，个性往往比较忧郁、孤僻。高中生个性鲜明，教育教学必须因材施教，引导学生阅读，满足学生的个性要求，促使学生个性健康、顺利地发展，以适应社会发展的需要。在进行阅读鉴赏活动时，教师针对学生实际情况和个性特点，预设阅读教学问题，通过交流、反思、访谈等对话系统陶冶学生的思想情操，提升学生的素养和修养，塑造学生的个性，健全学生的心理品质。

3. 阅读鉴赏活动有利于提高学生的语文学科核心素养

学生正确的价值观念、必备的品格和关键能力是通过核心素养集中体现的。语文学科核心素养是学生在积极的语言实践活动中通过阅读这一重要途径积累建构起来的语言能力、语言知识、思维方法、情感态度及价值观等。以问题为基点，通过对话方式提高学生的阅读鉴赏能力和水平，对语言建构与运用、思维发展与提升、审美鉴赏与创造、文化传承与理解等都有积极影响。

4. 阅读鉴赏活动对其他学科起到互助作用

阅读不仅有利于语文水平的提高，同时对其他学科的学习也有很多正面影响。阅读不仅可以使学生开阔视野，增长知识，形成良好的阅读能力，还可以进一步巩固学生学到的各种知识，促使学生将自己学到的知识融会贯通，形成一种良性循环，使知识更加牢固。学生在阅读中树立问题阅读意识，这对于学生的认知水平和其他学科的学习都起到极好的互助作用。

5. 阅读鉴赏活动有利于智力的开发

阅读可以扩充学生的智力背景，书读得越多，知识面就越开阔。同时学生在阅读中可以丰富头脑，使他们的思维更活跃、更灵活。如果学生在阅读中习惯于提出问题，并参与阅读对话，就能很好地利用自己以往积累的知识财富，因此，解决问题的方式也灵活多样。深入阅读是学生搜集和汲取知识的重要途径，通过这条途径，学生的知识面开阔了，思维也相对灵活起来，这就为学生提供了丰富的智力来源。

6. 阅读鉴赏活动为学生的终身发展创造了条件

语文教学是为了培养能够领悟祖国文化魅力，建设个人语言文化家园，与时代文化交互共鸣的语文爱好者，而不只是单一地为了培养专业的语言学家和文学家。阅读鉴赏活动能使学生的阅读水平得到有效提高。高中阶段是学生发展的黄金时期，教师要引导学生阅读经典名著，鉴赏优秀的文学作品，从而促使学生汇集大量的语言和思想资源，深化语言表达能力，这对学生的终身发展有着特别重要的意义。

综而述之，阅读鉴赏是学生、教师、教科书编者、文本之间的多重对话，是思想碰撞和心灵交流的动态过程。在高中语文教学中，阅读鉴赏起着举足轻重的作用。传统的阅读鉴赏教学就是"传道、授业、解惑"的"灌输—接受"模式，不分轻重，没有主次，教师拿着文本从头讲到尾。① 阅读鉴赏的独白状态已经延续得太久，广大语文教师和学生深受其苦，亦招来了社会各界对语文教学的批评。② 在高中语文阅读鉴赏教学中运用"问题对话"式教学能解决传统阅读教学模式存在的问题，更好地加强教师和学生之间的交流互动，满足学生个性发展的需要。教师通过"问题对话"式教学可以激发学生对语文阅读的兴趣，提高学生的学习能力、分析能力、归纳总结能力，对培养学生的语文学科核心素养有着十分重要的作用。

二、阅读策略

1. 设置符合认知水平的问题，启发学生对话

语文教师要善于设置能够引起师生共同参与、讨论的话题，提高学生参与师生对话交流的兴趣，从而使学生能够投入到将要开展的阅读教学中。让师生围绕能够引起共鸣的问题，彼此敞开心扉，在发自内心的对话中一起阅读、共同进步。③ 如果能够设置恰当有效的阅读问题，可以直接调动学生的积极性，进而使阅读教学中的对话能够持续、深入地进行。正如俗话所说："良好的开头是成功的一半。"因此，教师要精心设置阅读问题。问题要贴近学生的生活实际，符合学生现有的认知水平，以及身心发展特点。创设的问题情境要具有兴趣性、开放性、启发性，能开启学生的思维，激发学生的想象，这有利于培养学生的创新思维。④

在学习《宝黛初会》时，可以结合阅读文本设置这样的问题：文中说林黛玉"步步留心，时时在意，不肯轻易多说一句话，多行一步路，唯恐被人耻笑了他去"。请同学们阅读课文，分析林黛玉的这一形象特点体现在哪些具体情节中。

首先引导学生结合此问题进行自主阅读，阅读过程中注意圈点批画相关的

---

① 廖忠均．高中语文对话式阅读教学法探究［J］．社会科学，2015（8）．
② 叶爱梳．高中语文"对话式"阅读教学策略［J］．新课程研究（基础教育），2009（8）．
③ 叶爱梳．高中语文"对话式"阅读教学策略［J］．新课程研究（基础教育），2009（8）．
④ 廖忠均．高中语文对话式阅读教学法探究［J］．社会科学，2015（8）．

内容。然后师生共同分析文本。问题是学生探索的动力。在阅读教学中，教师要精心设计问题，提高学生对话的兴趣和热情，利用学生间不同的见解激发讨论，深化他们的思维，开启他们的思路，培养他们的创新能力。

2. 精心设计适当的问题，激励学生对话

作为阅读教学的组织者、引导者，教师在"问题对话"式教学活动中的作用是十分关键的。话题是否确立得恰当，直接影响学生的积极性能否被调动起来，进而影响对话能否广泛而深入地持续、发展下去。因此，教师要精心设置话题。① 在有限的时间和具体的空间内，教师要借助一系列的问题，引导学生开展师生、生生对话，使学生在对话过程中对阅读文本有全面、深刻和独到的认识。为了实现这一目标，教师要设置有逻辑性、有针对性、有探究性的系列对话问题。② 学生只有对设置的问题产生兴趣，带着好奇心去探究，才会真正动脑筋去思考要探究的问题，因此在对话过程中教师要结合阅读文本，学生水平、心理特点等设置能激发学生兴趣的问题。这也对教师有了更高的要求，设置的问题不仅要紧扣阅读文本，还要符合学生的兴趣点。因此教师要深入挖掘阅读文本，全面了解学生，从而设置合理有效的问题，使阅读主体——学生的探究活动始终处于"最近发展区"，激发其对话的兴趣及热情，最终实现精神沟通、意义分享的预期结果。③

在学习《十八岁出门远行》时，可以设置此问题：主人公十八岁出门远行的路上一直在寻找"旅店"，文中的"旅店"究竟象征什么呢？

作为教师，对话过程中要给予学生充分发表见解的自由，教师不应该把既定的答案——"旅店象征心底的希望和力量"直接灌输给学生，允许学生对此问题畅所欲言，发表不同的观点，要尊重学生独特的见解。尤其是在师生见解不同时，教师要本着"求同存异""百花齐放"的原则评价学生的每一次发言，给予学生鼓励，让学生积极投入到以后的对话过程中。

3. 打破评价标准的唯一化，允许多种阅读观点共存

建构主义理论和解释学观点都认为，不同的个体对事物的理解和看法是不同的，对世界的理解不存在唯一正确的答案。阅读教学由于自身的规律和特点，使得在评价标准上，更不存在唯一正确的一元理解，而是多元理解的存在

---

① 叶爱梳. 高中语文"对话式"阅读教学策略 [J]. 新课程研究（基础教育），2009（8）.

② 汤叶. 在"对话"的天空中灵性飞扬 [J]. 大学时代（B 版），2006（11）.

③ 肖梦华. 高中语文对话式阅读教学策略 [J]. 科教文汇，2007（4）.

与共融。① "横看成岭侧成峰，远近高低各不同"，由于每个学生拥有不同的家庭背景、生活经历、认知水平等，因此，他们看问题的角度和思考问题的方式千差万别。② 正所谓："一千个读者眼中有一千个哈姆雷特。" 如有学生认为《雨巷》就是描写了诗人与一位女子匆匆相遇的故事，教师不应该直接给予否定。对话式阅读教学尊重学生在学习过程中对问题的"奇葩"见解，允许学生个性化观点的存在，鼓励和保护学生的原创意识。反映到教学评价上，即理应打破评价标准的唯一化、标准化，而容许观点的多元性和开放性。

总而言之，在高中语文阅读教学中采用"问题对话"式教学，不仅能够帮助高中生提高阅读理解能力，更好地应对高考，还能使其受益终生。教师要准确定位师生角色，充分发挥学生的主体地位，不可喧宾夺主，忽视学生的真实阅读需求；教师要设计有意义的讨论话题，帮助学生更加深入、全面地阅读文本；教师要尊重学生的个性思维，坚持求同存异的原则，使学生在阅读中享受更多的乐趣。

三、鉴赏策略

学生的鉴赏积极性，是学生鉴赏时表现出来的一种心理能动状态，包括注意力的集中、认知的活跃、情绪的振奋、意志的坚持、行为的投入等。几乎所有的心理学研究都认同，学生的鉴赏积极性是影响他们有效鉴赏的重要变量；学生鉴赏的"动力因素"同他们的"智力因素""策略因素"一起，决定着学习的成败。新课标倡导学生主体能动性的发挥，注重开发学生的潜能，注重焕发学生生命的活力，因此，激发学生的鉴赏积极性，成为鉴赏策略的一个最为重要的方面。笔者认为，基于情境策略的"问题对话"式鉴赏在激发学生的学习积极性方面具有显著的实效。

（一）情境策略

1. 鉴赏情境策略

所谓鉴赏情境策略，是指在鉴赏过程中，依据教育和心理学的基本原理，根据学生年龄和认知特点的不同，通过建立师生间、认知客体与认知主体之间的情感氛围，创设适宜的鉴赏情境，使教学在积极的情感和优化的环境中开展，让鉴赏者的情感活动参与认知活动，以期激活鉴赏者的情境鉴赏思维，从

---

① 叶爱梳.高中语文"对话式"阅读教学策略［J］.新课程研究（基础教育），2009（8）.

② 肖梦华.高中语文对话式阅读教学策略［J］.科教文汇，2007（4）.

而在情境鉴赏思维中获得知识、培养能力、发展智力的一种教学策略。"情境"是情境策略的核心与灵魂,著名心理学家加涅认为,情境是一系列精心安排的"教学事件",教学被认为是通过设置"教学事件"去激发、维持和强化学生学习的过程。当代建构主义学习理论的一个基本理念是知识只能在学习者与外部环境的交往作用过程中建构。因此建构主义高度重视学习环境(包括物质环境与精神文化环境)的设计,他们把学习环境看成是学习行为的容器、对学习行为的支持,这也是建构主义的各种教学方法都把"情境创设"置于首要位置的原因。在鉴赏活动中,"问题对话"式教学就强调鉴赏情境的创设。

2. 情境策略在"问题对话"式鉴赏中的意义

通过对文献资料的分析,笔者认为"问题对话"式鉴赏主要体现出以下几个理念:①"学生发展为本"的鉴赏观。"学生为本"就是要求鉴赏在价值观上"一切为了学生",在伦理观上"高度尊重学生",在行为观上"充分依靠学生"。②回归生活世界的文本生态观。鉴赏不应当仅仅被压缩在学科与书本的狭小疆域中,它要向自然回归、向生活回归、向人自身回归,实现理性与人性的完美结合。让鉴赏来实现理智、经验与体验的和谐发展,知识、价值与情感的统一。③基于问题的创生与发展取向的鉴赏实施观。教师与学生不只是鉴赏的执行者和接受者,他们在鉴赏活动中应当发挥自主性、能动性和创造性,成为问题的开发者和知识的创生者。④科学性与人文性交融的鉴赏文化观。新课程消解了科技理性与人文关怀的对立,实现学会生存与学会关心的交融,寻求工具价值与人文精神的和谐发展。

(二)语文鉴赏活动中运用情境策略激发学生的学习积极性

语文作为一门基础学科,要培养学生读写听说的语文能力,总是在特定的语文环境中进行的,离开了一定的语文环境,口头语言和书面语言的训练几乎是不可能的。鉴赏文章时,每篇文章的内容是不同的,一篇文章就是一个特定的典型情境。字面之义、言外之声、微言深意、用词组句之妙、修饰表达之奇,莫不是在文章的语境中品味、领会,学生的理解就是在这特定的典型情境中形成的。无论是古代文学作品还是现代文学作品,抑或是外国文学作品,鉴赏都是一定情境的记叙、说明、议论、抒情、描写。唯在这特定的情境中,才可浮想联翩、思接千载、视通万里,要是离开了这具体可感的情境,也就无法鉴赏了。可见,在鉴赏教学中应用情境策略是非常必要的。

如何在鉴赏中利用情境策略来激发学生的学习积极性呢?笔者认为可以采

取以下四种方法：

1. 运用新颖信息，造成耳目一新的惊异感

伟大的文学家高尔基曾说过："惊奇是了解的开端和引向认识的途径。"著名心理学家皮亚杰在他的儿童认知发展研究中，曾提出一个"适当新颖"的原则，他认为呈现给儿童的材料和主体过去的经验既要有一定的联系又要足够新颖，要能产生不协调和冲突（根据他的学说，冲突是认知结构重新组织和随后发展的基础），这样才能引起儿童的好奇心，激发认知兴趣，启迪思维。鉴赏活动中适当提供与教材紧密联系的新奇有趣的材料，引导学生提出问题会收到出乎意料的效果。新颖的信息，还可能是一种起组织作用的"注意线索"，它能发挥出对认知的引导作用。

2. 创设"认知冲突"，引起探究兴趣

黑格尔曾经说过："凡事追求本源，这是思维的一个普遍要求、一个特性。"在鉴赏教学过程中，如果新的事实、观念和理论与学生原有的知识经验发生矛盾，就会出现"认知冲突"。学生一旦进入这个问题情境，会感到困惑，头脑中的观念在"打架"，这就掀起学生的探索欲望，唤起他们的求知欲。

3. 创设悬念情境，激发欲罢不能的探究欲

"悬念"是一种认知张力，具有很强的激励作用。苏联著名教育家苏霍姆林斯基曾经告诉教师："不要讲完"，其实就是希望能在学生头脑里埋下一根"导火线"，让学生处于猎奇的状态，不断探求、追寻、发现。"猎奇"心理具有多方面的效应，就像陈景润在中学时代埋下的"哥德巴赫猜想"悬念那样，影响了他的一生。

4. 赋予学生"境中人"角色，调动自主参与的积极性

新课标"倡导学生主动参与、乐于探究、勤于动手"，因此教师应尽力推动学生自发"投入"课堂的教学活动中来。心理学的研究指出，只有设法让学生"亲身投入"任务之中，才能够达到激励内在动机的目的。那么，如何才能使学生"全身心投入"学习任务之中？笔者认为，教师应该创设一些真实或贴近现实生活的问题情境，赋予学生"境中人"的角色，使学生在完成特定学习任务中，体会到社会责任感和社会价值感。

鉴于上述分析与归纳，笔者认为在鉴赏活动中实施"问题对话"式情境策略的意义在于：有利于促进迁移，培养学生灵活运用知识的能力和实践能力；有利于学生真实的学习，回归生活，体验生活，创新生活；有利于学生主体性的建构，高扬学生主体意识，倡导自主鉴赏，全面发展学生。

四、鉴赏案例评析

案例一：设计"核心问题"，开展鉴赏活动

按照"问题对话"式教学流程，下面是笔者关于现代诗人穆旦的《赞美》的教学设计。

《赞美》教学设计（简案）

教学目标：

1. 根据时代背景，体会作者对苦难人民的沉郁情感，对中华民族觉醒与抗争的由衷赞美。

2. 通过诵读吟咏和讨论分析，体会该诗意象的雄浑美和沉郁美。

3. 理解诗中的农夫形象及其象征意义。

教学重难点：

1. 体会作者抒发的对祖国深沉的爱恋之情。

2. 领会现代派诗人质朴、含蓄、凝重的语言风格。

教学时数：1课时。

教学方法："问题对话"式。

【问题的提出】

一、设置情境，提出问题

（播放抗战视频画面）同学们，刚才我们看到的是弥漫着战争硝烟的画面。这些画面再一次翻开了那铭刻着中华民族深重灾难的抗日历史。面对祖国的巨大灾难，面对侵略者，中华儿女不屈不挠、浴血奋战。他们坚忍不拔的意志和敢于献身的精神吸引着许多正义和有良知的诗人们为之歌唱。其中，现代著名诗人穆旦就是杰出的代表。今天，我们学习九叶派诗人穆旦的《赞美》。

问题："赞美"的含义是什么？

二、走近诗人——穆旦

（一）作者简介

1. 穆旦：走了很远的路。

2. 穆旦：中国现代诗歌第一人。

3. 穆旦：九叶派的代表。

（二）创作背景

穆旦：民族生存力的歌者。

（教学活动：组织学生搜集穆旦的生平简历资料，了解作者的创作风格及其创作背景。）

【问题的交流】

一、整体感知诗歌

1. 听录音，要求听准字音，正确把握诗歌的节奏。

2. 齐读全诗，领会诗歌的风格。

（问题提示：作者善于捕捉，意象横越时空，缤纷多彩，内蕴深远，气势宏大，又加上哀歌式情调，故全诗拥有雄浑美和沉郁美。）

3. 理清诗歌结构，把握全诗内容。

二、描绘意境，体会诗情

（一）描绘意境

1. 作者通过哪些意象表达他心目中的祖国？

2. 我们不但可以看见祖国大地的辽阔苍茫、历史的悠久与沉重，也可以感受到当时人们的生活状况，请找出描绘人民生存状态的诗句。

3. "干枯的眼睛期待着泉涌的热泪"，他们的眼睛缘何干枯？又在期待着怎样的热泪？

（二）体会诗情

1. 找出描写农夫的关键语句，农夫有着怎样的形象？

（归纳形象：勤劳朴实、忍辱负重、吃苦耐劳、勇于反抗、坚定革命。）

2. 归纳农夫的象征意义

（交流："拥抱"表明对农夫的钦佩和赞美；"拥抱每一个人"表明农夫是全国人民的代表，作者要赞美全国人民。只是这种赞美带着悲壮的调子。农夫的遭遇是民族命运的缩影，农夫的精神是民族精神的化身，农夫这样的英雄是民族发展的脊梁。农夫的觉醒和走上反抗道路是民族的真正希望，这就是作者高唱"赞美"的主要原因。）

【问题的探究】

一、探究诗歌主旨

（一）题为"赞美"，作者要赞美什么？诗歌的主题是什么？

（问题提示：《赞美》写于抗战最艰苦的敌我"相持阶段"，当时的中华民族既背负着历史积淀的贫穷和苦难，又在抗日烽火中走向觉醒；人民虽然衣衫褴褛，血污浸身，但已在血与火中为摆脱屈辱而战。作为年轻的诗人，穆旦在深刻感受到时代苦难的同时，也看到了人民的奋起，并由此看到了民族的希望。作者关注社会现实，关心劳苦大众，热爱苦难的祖国，热情赞美奋勇抗争的人民、我们将要起来的中华民族。)

(二)探究"一个民族已经起来"的三重含义

问题：为什么每一节都以"一个民族已经起来"作结尾？体会"一个民族已经起来"的含义。

核心对话提纲：

第一节 诗人认为，一个热爱生活、敢于战胜灾难顽强生存的民族就是一个充满希望的民族，因此他第一次唱出：一个民族已经起来！

第二节 诗人认为，一个觉醒且敢于反抗的民族，是一个充满希望的民族，因此，诗人第二次唱出：一个民族已经起来！

第三节 诗人认为，一个不怕牺牲的民族是一个充满希望的民族，于是他第三次唱出"一个民族已经起来"的赞歌。

(问题提示：三重含义指一个热爱生活的民族、一个敢于反抗的民族、一个勇于牺牲的民族，中华民族是一个充满希望的民族，于是诗人在诗歌的最后反复唱到"一个民族已经起来"，从而完成了对全诗的总结，也是对前面三重唱的一个收尾。)

二、作者怎样揭示"赞美"的含义（艺术特色）

(一)广大的包容性

对所见所闻作整体的把握，以表现复杂深刻的感情；重要处不吝惜笔墨，铺排开去写。

(二)抒情氛围浓烈

贯穿全诗的两条感情线：①低沉悲怆的情调（苦难）；②对土地、对人民强烈的爱，以及"一个民族已经起来"的坚定信念。

(三)其他特色

诗风徐缓、整饬、押韵，哀歌式的情调；意象横越时空，缤纷多彩，内蕴深远，气势宏大，全诗具有雄浑美和沉郁美；广泛运用排比、反复、拟人、比喻等修辞，一咏三叹，增强了视觉上的冲击力和艺术感染力，增强了诗歌的表现力，有力地表现了主题。

【问题的拓展】

1. 综合你的所见所闻，结合你对中国农民的了解，写一篇评议叙述性质的文章。文章必须有一定的历史深度，可以结合鲁迅笔下的农民形象闰土，也可以结合社会主义新时代农民形象等。既要写出新时代农民的进步，又要写出中国农民意识的狭隘性。注意把握分寸，不必写成单纯的批判性或讴歌性的文章。

2. 鉴赏舒婷《祖国啊，我亲爱的祖国》诗的中间两节，比较它与《赞美》一诗在立意上的异同。

评析：

本则教学案例是笔者利用"问题对话"式教学作的诗歌鉴赏教学设计。该教学设计分为四个步骤，即问题的提出、问题的交流、问题的探究、问题的拓展。整个教学问题的设计基于一个核心教学问题"赞美的含义"来展开，其他教学问题设计服务和服从于核心问题。"学"的积极性始于"问"。问得有要领，才能学得高效。鉴赏活动中，问题的设计要少而精。一个问题的提出，就鉴赏文本而言，起到提纲挈领的作用；对学生来说，能激发主动探究意识并找到最合宜的切入点；从教学目标的达成角度说，能直接指向课程内容隐含的重点目标。这样的问题就是核心问题，或称为主问题。教学中，教师找准核心问题并能围绕核心问题科学设计教学方案，精心组织教学活动，课堂教学效率将能得到强有力的保障。本则教学设计，旨在充分创设情境，激发学生学习积极性，将讨论、朗诵等对话方式运用到诗歌鉴赏中，从而引导学生体悟诗歌的思想感情，把握诗歌的主旨，提高学生的审美情趣。

在现实教学中，我们常常发现教师设计的问题不得要领。其结果耗时耗力，事倍功半。我们认为，在鉴赏课中提炼核心问题并围绕核心问题教学很有必要。在提炼核心问题时，一方面，要依据文本的题材、艺术特点、行文结构等加以提炼。不同的文本具有不同的表现形态，文本形态对教学目标、教学重难点、教学方法的选择有重要作用。因此，鉴赏课中的核心问题一般要依据文体突出特征提炼。另一方面，核心问题的选择和确定要依据教学目标而定。鉴赏教学中，教学目标包括鉴赏独特的语言特色，领悟作品深刻的思想意蕴，分析作品精妙的谋篇布局等。问题的探究过程及结果的运用都应有目标意识，因此核心问题要根据教学目标而定。当然，不同的题材有不同的目标定位，问题的设定应该是具体的，避免抽象化。最后，核心问题的提炼要符合学生的需要。教是为了不教，学是为了不学。一切教学活动都必须服务和服从于学生，问题的设计要自始至终为学习主体服务。鉴赏要抓住学生学习的难点、关切点、兴趣点和动情点提炼核心问题，这样的问题才具有适切性。

案例二：利用文本"空白"设计问题，开展鉴赏活动

"空白"是艺术创作中不加着墨的艺术表现手法，它是作品中重要的组成部分。利用空白艺术手法能使作品虚实相生，形神兼备，创造出新的艺术妙境。文学作品中也有空白艺术，往往产生"言有尽而意无穷""含不尽之意见于意外"的含蓄之美。在"问题对话"式鉴赏教学中，如果使用"空白点"设计问题，不仅能激活学生的思维，激励学生创新，还能拓宽文本的深度。

孙犁的《荷花淀》汲取传统经典小说的艺术精华，被人们誉为"诗体小说"。小说除了主题美、情节美、人物美之外，语言美也是一大亮点。其中，"夫妻话别"时的三处对话描写言简意丰，颇有韵味。在鉴赏本文时可以利用"空白点"设计问题，展开对话，提高学生感受美、欣赏美的能力。我们选取"夫妻话别"中的对话描写，利用"空白点"设计问题并展开教学活动。

下面节选的是某位老师的教学片断：

师：请同桌两人分角色朗读，从"女人抬头笑着问"读到"女人流着眼泪答应了他"。

（生朗读。）

师：读完这段对话你对水生嫂的印象如何？你认为这些语言反映出水生嫂怎样的心理状态、个性特征？找一句你认为最简洁、最传神、最动人的话，来给大家说一说。

生：我认为是"你走，我不拦你"，表明水生嫂支持丈夫参军杀敌。

师：好，你把原句中"家里怎么办？"给落下了，那么加上以后是否就表明水生嫂不支持丈夫了呢？有没有同学知道？

生：还是支持的。只不过提出实际困难，真实地反映出水生嫂的矛盾心理。

师：是啊，水生嫂是人而不是神，丈夫走了，生产任务、生活重担、服侍老人、照顾孩子，这一副副担子全都得压到自己的肩上，没有顾虑是不现实的。不过，经过了一番思想斗争，水生嫂还是毅然决定挑起家庭的重担。同学们能在文中找出这个句子来吗？

（生找，齐答："你明白家里的难处就好了。"）

师：对。从这句话里我们看到水生嫂还是支持丈夫参军杀敌的，只要丈夫理解自己，再苦再累也愿意承担；体现了中国妇女纯朴善良、任劳任怨的传统美德。这里还有一个小故事，当年有个印刷厂粗心地将句号印成了逗号，变成"你走，我不拦你，家里怎么办？"孙犁得知后认真地说："这是原则性错误！"现在你能理解孙犁的话吗？

生：用句号更能反映出支持、理解丈夫的明确态度，突出不阻拦；用逗号则强调了"家里怎么办？"，突出依赖性。

师：说得真不错，你能通过朗读把用句号和用逗号的不同感觉表现出来吗？

生：我试试。（朗读，有意识地突出了小鸟依人和深明大义两种风格。）

（众生笑。）

师：看来，你不仅能准确地理解，还能准确地传达。其他同学还找了哪些句子？

生："你总是很积极的"体现出水生嫂对丈夫的行为感到骄傲自豪，引以为荣。从这句话里我觉得她是一位思想进步的妇女，一位温柔贤惠的妻子。

师：理解得很准确，你能把这种感觉读出来吗？

（生朗读。）

师：你对自己的朗读满意吗？

生：不是很满意。

师：那你能不能给大家推荐一位同学来读出你所体会到的感觉？

（生推荐，生朗读，突出"积极"，读得很成功，得到了热烈掌声。）

师：请同学们继续找。

生："你有什么话，嘱咐嘱咐我吧"丈夫这一去，有可能会牺牲，但这一句表明水生嫂已经能够比较平静地面对这生离死别了。

生：我认为从这句话中也可以看出水生嫂对丈夫的依恋。

师：同学们都找了水生嫂得知丈夫要上前线以后的话，再请大家注意在丈夫说出"明天我就到大部队上去了"之前，水生嫂的富有个性的话。

生：我觉得水生嫂还是一位体贴聪明的妻子。从"'今天怎么回来得这么晚？'站起来要去端饭"这句话可见水生嫂对丈夫非常关切、体贴。

生：还有"怎么了，你？"问这句话是由于水生嫂看出水生笑得不像平常，反映出她的聪慧。

师：那我能不能把"怎么了"后的逗号改成句号？

生：不好，用逗号更能反映出水生嫂急切、体贴的心情；句号显得有点冷冰冰的。

师：说得有理。你能把用逗号和句号的不同感觉读出来吗？

（生朗读，传达了急切和冷淡两种态度。）

师：同学们都尝试着读过了，也对水生嫂的个性、心理作出了自己或深或浅，但都独具个性的理解。受了大家的启发，我也想用我的声音、我的情感来传达我对水生嫂的理解。我想找一位男生来合作一下，大家给我推荐一位。

（生兴奋，推荐。师生朗读"女人抬头笑着问"到"女人流着眼泪答应了他"的对话部分。生热烈鼓掌。）

师：我想知道同学们鼓掌的理由。

生：因为我觉得您读得蛮不错的。

生：您让我透过水生嫂的这些语言想象出水生嫂的形象。

师：哦，真谢谢你们的鼓励。那你们给我说说水生嫂是怎样一个人？

生：理解支持丈夫，吃苦耐劳，淳朴善良。

生：还有舍小家为大家，深明大义，任劳任怨。

评析：

《荷花淀》中的语言描写极富张力，"夫妻话别"用语言描写带动小说情节的发展，韵味无穷。本则教学片段充分利用文本个性化语言的"空白点"在学生、教师、文本、作者之间展开多重对话。这样的课堂对话是思想碰撞和心灵交流的动态过程。学生在鉴赏中变得自由浪漫而富有想象力、创造力，陶冶了学生的性情，涵养了学生的心灵。

在鉴赏活动中，创设空白要注意问题疏密有致，尽力给学生留有充足的思考空间，让学生展开想象的翅膀，领悟作品的思想内容和艺术魅力。受应试教育的束缚，"满堂灌""满堂问"教学方法在很大程度和范围上占据着我们的教学课堂，学生在课堂上的思考空间受到一定程度的局限，创新激情受到压抑。因此，在鉴赏教学中创设"空白"也是十分必要的。利用文本的"空白点"设置问题要善于捕捉时机，讲究策略。

策略之一：设置问题时可以"引而不发""强而弗抑"。有意识地抛出有趣的、有一定难度的问题，组织、引导学生合作、讨论、争辩，这对开发学生的智力和培养学生的鉴赏能力有所裨益。

策略之二：设置问题时可以"言而当""默而当"。课堂上或让学生静默或让学生沉思或让学生激烈争辩。问题的提出因材施教，有一定的梯度和层次感，让不同程度的学生在课堂上都能享受到获得感和学习的幸福感。

策略之三：设置问题时可以制造悬念。问题有悬念，对话有"空白"，能给学生留下想象的空间，使文本解读处于无限阐释的空间中。"留白"问题，可以放在情节高潮点、故事发展的关键点、释放悬念的关口，引导学生续写、补写、扩写等。在这种教学场景中常常能擦出智慧的星火。

案例三：依据学生认知"前见"设计问题，开展鉴赏活动

海德格尔认为，人们理解事物是基于其"前理解"。伽达默尔将"前理解"命名为"前见"。伽达默尔强调，这些"前见"表现了那种我们不能超出其去观看的东西。因此，我们说"前见"是事物能够被理解的前提和必要条件，这种"前见"无论正确与否，都成为个体对于外界的解释，引导着个体的先行成长。①

教师在鉴赏活动中进行问题设计时，可先依据学生的"前见"来设计感知性问题，可以排除学生对文本的陌生感与恐惧感，使学生很快进入学习状态，拉近教师与学生、学生与文本之间的距离。

下面是笔者关于李白《蜀道难》的教学设计：

［提问］余光中先生曾经写过一首诗，其中有这么几句，请大家一起朗读一下。

（多媒体课件展示：余光中《寻李白》片段。）

　　　　　　酒入豪肠，七分酿成了月光

　　　　　　余下的三分啸成剑气

　　　　　　绣口一吐就半个盛唐

［提问］这首诗写的是哪位诗人？

［明确］李白。这首诗就叫"寻李白"。

［提问］我们学过很多李白的诗歌，你对李白诗歌印象最深的一点是什么？请几位同学来谈一谈。

［参考］①李白属于浪漫主义诗人，他的诗中夸张成分非常多。给人感觉非常豪放，他的诗让人过目不忘。

②李白的诗中洋溢着飘逸豪放的感情，他的诗向来直抒胸臆，狂放不羁，非常奔放，倾注着浪漫主义的激情。李白的一些诗歌，我们读来虽然不能理解它的真正含义，但字里行间都充满了李白的浪漫主义激情。我们欣赏李白诗歌也要带着这种感情去欣赏。

③李白诗歌的特点主要是豪放，他利用大量奇特的想象来写诗，我们读起来会很生动、具体，印象特别深刻。

---

① 马进，张希睿.语文对话阅读中的问题设计与策略研究［J］，汉字文化，2019（2）.

[小结] 豪放、夸张、丰富的想象力，这些都是李白诗歌浪漫主义风格的最具体的表现。今天我们一起来学习李白的《蜀道难》。再次感受一下李白浪漫主义诗歌风格的艺术魅力。

…………

（多媒体课件展示：前人对《蜀道难》的高度评价。）

逼真纵横，如虬飞蠖动，起雷霆于指顾之间。

——沈德潜《唐诗别裁》

《蜀道难》等篇，可谓奇之又奇，自骚人以还，鲜有此体也。

——殷番《河岳英灵集》

首二句以叹词开其端，末二句以叹词结其尾，首尾相应，关键之缜密也。白此诗极其雄壮，而铺叙有条，起止有法，唐诗之绝唱者。

——朱谏《李诗选注》

[活动] 这些是前人对《蜀道难》的评价，我想请几位同学用很精简的一句话点评下这首诗歌。鉴赏的感受、理解都可以写出来。其他同学也思考一下，在书上写一写。

[参考] ①感情豪放，笔法飘逸。②气势雄伟，引人入胜。③句不拘长短、声不拘高下、韵不拘同异、笔随兴至、自然真切。④文句参差，笔意纵横。如天马行空，非太白不能为也。

[小结] 李白浪漫主义诗歌的特色表现在：①李白的诗歌具有非常强烈的思想感情。②具有鲜明的个性。③具有丰富的想象，奇特的夸张，并借助非现实的神话和奇丽惊人的幻想来描绘五彩缤纷的现实世界和幻想世界，抒发美好的理想愿望和强烈的感情。④结构上跳跃多变。⑤风格多样，但以雄奇、飘逸为主。语言热情奔放，而又清新自然。

评析：

《蜀道难》原本是乐府古题，属《相和歌辞·瑟调曲》。李白之前的古词，也多咏蜀地山川之险。如南北朝时期梁朝、陈朝著名诗人阴铿的《蜀道难》云："轮摧九折路，骑阻七星桥。蜀道难如此，功名讵可要。"李白袭用乐府古题而推陈出新，以丰富的想象、奔放的语言、雄健的笔调生动地描绘了由秦入蜀道路上奇丽险峻的山川景色，诗歌充满着浓郁的浪漫主义色彩。可见，在鉴赏本诗时引导学生体会李白诗歌的浪漫主义风格是教学的重点。由于学生比较熟悉李白，对李白的生平事迹、创作风格等都有"前见"认识，教师在设置问题时紧扣这些"前见"引导学生深入体会诗歌的艺术特色。同时，在"前见"问题的基础上，为攻克教学中的重点，通过补充前人对《蜀道难》的评价，有针对性地加深学生对诗歌的理解。

学生所描绘出的蜀道难的艰险也无形中增添了文本的神秘色彩和对文本阐释的无限可能性。这种通过"学生与语言"的对话，走向"学生与文本""学生与作者"的对话，能为学生的超越文本鉴赏奠定"前见"和感知基础。因此，"问题对话"式鉴赏要注重营造轻松的"前见"氛围，依靠"前见"，即便是最粗浅的回答也能让文本和学生的生活建立起联系，从而帮助学生在与文本的对话中尽快实现自己的"到场"。①

---

① 马进，张希睿. 语文对话阅读中的问题设计与策略研究［J］. 汉字文化，2019（2）.

第七章 写作与交际教学活动

我不同意你说的话，但我誓死捍卫你说话的权利。

——伏尔泰

"表达与交流"是语文课程目标之一，贯穿于必修课程、选择性必修课程和选修课程之中。根据《普通高中语文课程标准（2017 年版）》精神，"表达与交流"是"学习任务群"课程内容中的重要学习活动，涉及语言类、鉴赏类、写作类，在语文课程中具有很强的实践性。本书中的表达与交流主要指书面表达交流和口头表达交流，即写作与口语交际。

一、写作与交际的教学价值

（一）写作与交际是落实语文课程标准的需要

《普通高中语文课程标准（2017 年版）》就写作方面指出："自主写作，自由表达，以负责的态度陈述自己的看法，表达真情实感，培育科学理性精神。"并要求，表达观点明确，内容充实，感情真实健康；思路清晰，能围绕中心选取材料，合理安排结构；学习综合运用多种表达方式，力求有个性、有创意地表达；能推敲、锤炼语言，表达力求鲜明、生动。在口语交际方面，《普通高中语文课程标准（2017 年版）指出："增强人际交往能力，在口语交际中树立自信，尊重他人，文明得体，仪态大方，善于倾听，敏捷应对。"在口语交际中能根据不同交际场合和交际目的，恰当地表达；要借助语调、语气、表情、手势，增强口语交际的效果；在演讲、讨论、辩论、朗诵等交际活动中，力求有个性、风度，具有一定的说服力、感染力。课程标准对表达交流的规定性，既是培养师生语文学科核心素养的需要，又是顺应时代发展的要求。

（二）回归语文教学本质的内在需要

工具性与人文性是语文学科的本质属性。表达交流是工具性与人文性的统一，是语文学科素养的外在重要体现。然而，受应试教育的影响，表达交流在日常教学中不能充分渗透到语文教学活动中，甚至在教学中被"边缘化"。口语交际本是展示学生才情、提高学生语言表达能力、训练学生逻辑思维能力的重要实践活动，但实际中往往被忽略。写作教学逐步被异化为一种技术操练，本应该是双主体、双向的师生互动的写作课，变成了单一主体、单一模式的学生写作课。但真正的写作与口语交际是一种和自己、另一个人、另一些人，进而和世界进行对话的方式，是对自己、世界和人类的真切表达。本质上说，是有话要说，有话想说。① 所以学生不愿意写的根本原因在于不知道"为何而写"，追根溯源是写作中缺乏"对话意识"。

（三）建构师生精神世界的需要

写作与口语交际活动中运用"问题对话"式教学方法体现了一种新的教育理念，它不仅注重提高师生表达交流的技巧，更关注师生精神世界的构建。而所谓对话性，就是言语活动中"具有同等价值的不同意识之间"相互作用的形式。② "问题对话"式教学有助于培养和促进师生的智慧。对学生而言，"问题对话"式教学会极大地促进师生对写作、口语交际话题的思考，并通过对话一起探究未知的世界。表达交流不再是枯燥乏味的"为赋新词强说愁"，而是一种带着渴望抒发内心真情实感的精神活动。

二、写作策略

（一）巧设学生感兴趣的问题，营造浓厚的对话氛围

高中写作教学采用"问题对话"式教学，关键在于教师要转变自己的教学观念。当前写作教学中，不少教师认为自己只是写作的指导者，仍然囿于遣词造句和谋篇布局等技巧技法，忽视学生思维能力的培养，追求标准化的思维模式，主控了学生的话语权，甚至摒弃了学生的话语权，导致学生在写作课上写出一些无病呻吟、缺乏情感的作文。有学者批评我国中小学生的作文能力是"伪能"，中看不中用。③ 虽然言辞有点过激，但反映了基本事实。

若想改变现状，首先教师要转变自己的写作教育理念：巧设问题，给予学

---

① 李浩. 写作，向前方［N］. 人民日报，2014 – 06 – 25.

② 巴赫金. 巴赫金全集：第4卷［M］. 钱中文，译. 石家庄：河北教育出版社，1998.

③ 潘苇杭，潘新和. 写作"共能""异能"论："议论"体式写作应成为中小学生写作教学的重点［J］. 语文建设，2011（10）.

生充分的话语权,在写作课堂上营造浓厚的对话氛围。① 教师要充分尊重学生的个性,尊重他们在写作内容及表达方式等方面的差异,通过问题架设对话平台,构筑对话模式,让师生就写作的材料,联系自己的学习生活、鉴赏经历等展开交流,引导学生发自肺腑地表达自己的观点,让学生在交流中收集信息、把握情感、敞开自己的精神世界。正如俄国思想家车尔尼雪夫斯基所说:"要是没有把应当写的东西经过明白而周到的思考,就不该动手写。"② 师生通过对话,让学生对所写内容有周到、深刻的思考,为下一步的写作奠定基础。

(二)倡导心灵碰撞的"下水"写作,促进师生的互动性

要增强写作中的对话意识,必须使学生保持一种积极的写作状态。作为教师,要帮助学生进入写作状态,那么自己首先要知道什么是写作状态。而要知道什么是写作状态,自己就得进入写作状态。现在不少高中写作教学有一个怪现象,教师教学生如何写作,但自己不去写作,甚至不会写作。黄厚江先生说,教师和学生一起写作文,是用教师自己的写作体验激活学生的写作体验,是教师用自己的经历来丰富学生的经历。③ 教师通过写"下水"作文,才能知道写作中的难点、疑点,从而为之后的师生对话提供"源头活水",而不是以往的经验之谈。教师和学生一起写作的过程,也是师生对话交流的过程,更是师生之间心灵与思想碰撞的过程。教师不仅仅是向学生传授写作的知识和经验,更是把自己在写作过程中的感受、体会向学生敞开,把自己的写作思路、过程解剖给学生看。学生掌握的不仅仅是写作的技巧,更是体会到师生之间一种心灵的交会。④ 久而久之,写作就会成为彼此之间不吐不快的倾诉。钱理群先生说,写作状态是师生的生命互动,这是一种境界,更是对我们当下写作教学的期待。

(三)借助问题开展对话,让学生拥有写作的大视野

写作是精神活动,要体现社会风貌,回应时代甚至引领时代,为时代作证。一代人有一代人的使命,这应该在作文中得到体现。古人所谓"立言",

① 张松祥. 中小学作文教学中对话意识的唤起［J］. 教学与管理(中学版),2018(3).

② 余文森,林高明,郑华枫. 可以这样教作文 24 位名师的小学作文教学经验［M］. 上海:华东师范大学出版社,2009.

③ 黄厚江. 共生写作教学的基本课型［J］. 语文教学通讯,2016(16).

④ 张松祥. 中小学作文教学中对话意识的唤起［J］. 教学与管理(中学版),2018(3).

就是"为天地立心，为生民立命，为万世开太平"。然而扫视当下我们不少学生作品，弥漫其中的或是"躲进小楼成一统"的低吟浅唱，或是"为赋新词强说愁"的人生迷惘。所以有学者说，我国中小学写作教学中流行的文章体式，是应试性的"小文人语篇"。① 因此教师在写作课中，要借助写作的问题，结合自己的生活阅历、鉴赏经历等，与学生就写作材料展开交流，让学生不仅关注"小我"，也要关注"大世界"；不仅关心自己的命运前途，也要关心国家的发展变化。② 让学生的作文少一些负能量，多一些正能量。让学生的作文不再是无病呻吟，而是有感而发。通过对话，学生对国家民族、现实生活有真正的关注与思考。

（四）批语紧扣写作问题，促进师生对话

师生对话是为了让教师了解学生，确保学生的主体地位，了解学生在写作活动中的需要。③ 在传统写作教学中，教师采用的是"纠谬法"——批改作文的过程中注重寻找学生作文中的不足之处。结果教师抱怨连连、怒火中烧，学生却无动于衷、原地踏步。采用"问题对话"式教学，可以改变这一现状。

批改作文不再只是教师的责任，而是师生共同的责任。批改作文的过程中师生可以面对面、一对一就作文中存在的问题，作进一步的讨论、分析，进行深入的交流，真正让学生明白自己作文有待改进的地方。除了一对一的师生"问题对话"式批改方法，教师也可以指导学生之间展开"问题对话"式批改方法，以组评的方式，所有学生就每个组员作文中的不足展开分析、交流，进行真诚的对话，让每一个学生都有所悟、有所感、有所获。④ 这样，批改作文成为师生、生生就问题展开对话的过程。让学生在批改作文的过程中拥有话语权，让学生成为作文评价的主体，这样可以提高学生修改作文的能力，进而提高他们的写作水平。

---

① 王荣生．我国的语文课为什么几乎没有写作教学［J］．语文教学通讯，2007（35）．

② 张松祥．中小学作文教学中对话意识的唤起［J］．教学与管理（中学版），2018（3）．

③ 史玉婷．对话理论与高中写作教学研究初探［D］．北京：首都师范大学，2014．

④ 李浩．写作，向前方［N］．人民日报，2014-06-25．

三、口语表达策略

口语表达本质上就是与他人、与社会、与世界和自我进行对话的过程。[①] "问题对话" 式教学可以让学生参与到课堂教学中，让学生在课堂中拥有话语权，让学生在课堂上滔滔不绝地表达自己。

（一）紧扣文本巧设问题，激发学生的对话兴趣

高中语文教材中的选文都是经典之作，为学生学习语言提供了很好的范本。[②] 赞科夫说："对所学知识内容的兴趣可能成为学习动机。"学生只有对对话的问题产生兴趣，才会真正动脑筋去思考所要对话的问题，因此在对话伊始，教师要根据所学内容、学生水平等设置能激发学生兴趣的问题。这也对教师有了更高的要求，教师需要深入挖掘文本，全面了解学生，从而在备课过程中找准学生感兴趣的问题，在短时间内激发学生的学习积极性，引导学生主动参与到之后的对话中。英国教育家威廉雅斯说："平庸的教师只是叙述，好的教师讲解，优异的教师示范，伟大的教师启发。"[③] 教师要将文本内容与生活情境关联起来，将教材内容植入生活情境，让师生的对话深入展开。下面我们看一下刘盛浪老师（重庆十八中语文老师）在教学《林教头风雪山神庙》时的课堂实录片段。

师：文中第一二句描写风雪的角度有什么不同？

生：一个是直接描写，"纷纷扬扬"直接说明北风很猛烈，"一天"表明雪下得久。而另一个是间接描写，"连草屋都在风中摇摆了"说明风雪很大。

师：直接描写就是直接描绘人物的肖像、心理、语言和行动，所以又叫正面描写。间接描写就是通过对他人的描写来映衬、烘托出所写人物，或通过别人的评述来描写人物，即以"烘云托月"的手法，来达到以"虚"写"实"的目的。所以间接描写又称侧面描写。大家能不能举个间接描写的例子？文学作品中、生活中的例子都可以。

生：汉乐府《陌上桑》对秦罗敷的描写：行者见罗敷，下担捋髭须。少

① 张松祥. 中小学作文教学中对话意识的唤起［J］. 教学与管理（中学版），2018（3）.

② 邹俊乔. 从高中语文教材选文中学习语言表达运用［J］. 吉林省教育学院学报，2018（6）.

③ 易杨. 高中历史课堂教学语言表达艺术初探［D］. 长沙：湖南师范大学，2017.

年见罗敷，脱帽著帩头。耕者忘其犁，锄者忘其锄。来归相怨怒，但坐观罗敷。

生：沉鱼落雁、闭月羞花。

师：同学们，侧面描写可以更含蓄生动，可以给我们更大的想象空间。那么哪位同学起来说一下这两句风雪描写有哪些作用？

生：渲染气氛，烘托人物的心情。

很显然，刘老师试图通过文本中风雪的描写带领学生学习直接描写和间接描写。教学中刘老师说明什么是直接描写和间接描写之后，引导学生联系实际，列举关于间接描写的例子，激发了学生的对话兴趣，让课堂对话顺利展开。

（二）结合学生特点，营造和谐互动的对话氛围

教师在提高学生的语言表达能力时，很重要的一点是要解决学生的心理障碍问题。① 语言表达的过程应当是一个动态的过程，同时也是一个双向互动的过程，只有这样的语言表达实践活动才符合学生的身心发展特点。② 相对于小学生、初中生，高中生在课堂中更显"老成稳重""金口难开"。因此，要想在高中语文教学中训练学生的语言表达能力，使学生的表达顺利进行，教师就应该努力营造和谐、轻松、互动的对话氛围，尊重学生的想法和表达习惯。首先，教师应当改变自己课堂权威的传统教学观念，尊重学生的天性和观点，学生才能冲破心理障碍，勇于表达自己，从而使师生对话顺利进行下去。其次，教师在对话的过程中，要多给予学生鼓励性的点评。特别是对于学生一些独特的观点，教师也应该多换位思考，给予学生信心，鼓励学生参与到对话活动中来。③

（三）引导学生设置问题，促进师生对话

高中语文教学的现状是教师一问到底，整个教学过程都是教师不断地向学生提出问题，让学生寻找答案。有时候问题太琐碎，没有突出教学重点；有时候问题过于简单，激发不了学生兴趣。还有的教师每次提问的套路都是一样

① 尚晗. 小学语文教学中学生语言表达能力的培养对策［J］. 科技咨询，2014（1）.

② 蒋百祁，张二军，刘国华. 高中语文语言表达与交流能力的培养研究［J］. 教师教学能力发展研究，2017（10）.

③ 蒋百祁，张二军，刘国华. 高中语文语言表达与交流能力的培养研究［J］. 教师教学能力发展研究，2017（10）.

的，比如每次都问：文章写了什么内容？运用了什么写作技巧？作者想表达什么情感？一段时间之后学生对这样的问题已经麻木，不再动脑思考。运用"问题对话"式教学，教师可以引导学生结合教学内容，自己设置问题，使师生对话更有针对性、更有效，让学生在对话过程中能充分地表达自己，训练学生的表达能力。下面我们看一下程翔老师（北京大学附属中学特级教师）在教学《再别康桥》时的一段教学实录。

师：好，同学们都写了很多问题，有的同学甚至写了三个问题。请同学们来提问题。

生1："在星辉斑斓里放歌"的"星辉斑斓"是什么意思？有什么意境？

师：你是不理解"星辉斑斓"的意思，还是不理解这个意境？

生2：意境。

师：这是怎样的意境？在这个意境里怎么想到要放歌呢？这个问题好，继续提。

生3：前面说"在星辉斑斓里放歌"，后面又说"但我不能放歌"，这不矛盾吗？

师：哦，矛盾，问得好。

生4：第三段"在康河的柔波里"，我们知道大海的波浪是汹涌澎湃的，为什么这里说是柔波？

师：大海的波浪是汹涌的，是吧？小河里的波浪会是什么样的？是不是柔波？

生5：为什么是再别康桥？

师：以前来过，离开了；这次又来了，又要离开了。

生6：第五段的"寻梦"，寻的什么梦？

生7：第六段最后一句"沉默是今晚的康桥"，不懂。

生8：我想提两个问题，一个是，徐志摩写这首诗的背景是什么？第二个是，第一段和最后一段为什么要重复地用"轻轻的、悄悄的"？

生9：青草为什么是柔柔的？应该是光亮的。

师：还有新问题吗？

生10：为什么用荡漾？

生11：前面是"轻轻的"，为什么后面用"悄悄的"？

生12：第四段为什么要用"揉碎"这个词？

师：我现在要调查一下，到现在为止还没有提出问题的同学请举手。

（生举手。）

师：有问题吗？

生13：有。第二三四段，为什么分别讲"金柳""青荇""树荫"？为什么讲这么多景物？

师：还有吗？

生14：题目是康桥，文章应该重点写康桥，可文章为什么重点写康桥边的景物？

师：同学应该知道，学习没有局外人，没有旁观者，大家都应该是学习的主人。还有谁没有提过问题呢？

生15：为什么在康河的柔波里，我甘愿做一条水草？

生16：为什么在第六段中要用"沉默"？

师：记住，以后我们都是学习的主人，不要沉默，不要做旁观者。

在学习《再别康桥》的过程中，程翔老师注重引导学生结合诗歌内容提出自己的疑问，展开师生之间的对话。学生自己的质疑更能引起学生的兴趣，让学生自己质疑、自己分析、自己解答。对话过程突出了学生的主体性，使学生主动、积极参与到课堂对话中。通过对话的开展训练学生的思维能力，提高学生的表达能力。综上所述，高中语文教学要重视对学生语言表达能力的培养，"问题对话"式教学有利于学生表达能力的培养。教师要紧扣文本巧设问题，激发学生的对话兴趣。引导学生积极关注生活，在生活实践中丰富自己的情感体验，产生表达与交流的内在需求。[①] 对生活场景的模拟和创造性地实践教学活动是拓宽学生语言表达能力的训练途径。教师结合学生的特点，营造有利于师生和谐对话的氛围，不仅要让学生敢于多表达，而且能够条理清晰地说出肺腑之言。教师也要适时引导学生自主设置问题，促进师生对话。

俄国著名文艺理论家巴赫金认为，无论是口头语言还是书面语言，本质上都是对话性的。而所谓对话性，就是言语活动中"具有同等价值的不同意识之间"相互作用的形式。

---

① 蒋百祁，张二军，刘国华. 高中语文语言表达与交流能力的培养研究［J］. 教师教学能力发展研究，2017（10）.

四、写作与交际案例评析

（一）写作案例评析

案例一：引导学生表达真情实感

学校每年都要针对高三学生开展感恩励志教育活动。下面是学校举办的以"感恩母校"为主题的高三学生作文写作实践，笔者采用"问题对话"式教学引导学生写作，现摘录一个教学片段：

师：请大家认真阅读作文材料和作文要求，想想这则材料有什么特点？

生：这是一则新材料作文，我觉得这篇作文写起来比较自由。

师：为什么会有这种感觉？

生：因为材料说"读了以上文字，你有怎样的经历、感受、体会等"，所以觉得比较自由。

师：说得好。还有补充的吗？

生：要符合材料的含意范围，文体不限。

师：这一点非常重要，因为材料作文最主要的是审题立意要准确。

（投影：出示材料作文审题立意方法。）

师：同学们根据老师提供的方法，讨论一下这次作文的立意。

（生分组讨论5分钟。）

生：这次作文应该是以歌颂母校为主题的。

师：说得好！注意"经历、感受、体会"等词语，这都是写作的要求。这说明了什么？

生：作文要有真情实感，不能虚情假意、矫揉造作。

师：很好！这是我们写作的生命所在。羊有跪乳之恩，乌鸦有反哺之情，我们，作为万物的灵者——人类，拥有细腻丰富的感情，更应该怀着一颗炽热的感恩之心来看待周围的一切。我们要感谢伟大的祖国，我们要感谢父母的养育之恩。作为即将毕业的高三学子，我们更该感谢亲爱的母校。同学们，今天就以笔为戈，尽情展现你们的才情，表达对母校的感恩之情吧！这是你们送给母校最珍贵的礼物。

生（齐）：好。

下面是本次作文教学的成果，辑录三篇展示：

【优秀文1】

雨诉我情

袁榕联

杨柳依依，细雨纷纷，人间四月落芳菲。把酒一杯，叩谢恩师，竟凝咽，三尺讲台，口口耳音，魂牵梦萦，难忘却。教室里，手中书，琅琅书声，青春融入方寸间；林荫道，亭边柳，阵阵槐香，雷雨声中送学子。

三年卫中勤耕耘，记忆如珠又如金。

听雨，雨来得轻又小，就像记忆之初的我，青涩又害羞。忆从头，军训那天同样是细雨绵绵，我在雨中一下一下做着俯卧撑，耳边传来老师的声音，问我能否坚持下去。我转过头去，肯定地回答道：能！一个"能"字，一个场景，三年里在我颓废气馁时无数次涌现在脑海里，无数次诉说着自己的不甘，表达着自己的渴望，使我一次次挺过困境，变得坚韧，让我拥有一直走下去的勇气。

情感的初次发芽，懵懂无知的我自认为可以闯荡天地。那段时间里，我掉入了自己人生的黑洞。一个人若是不能找到光明的钥匙，或许就难以从黑暗中挣扎出来。因内心受伤，厌恶学习，总想着步入社会去自我创造。是您，是您给挣扎在痛苦中无助的我带来光明。当您了解到我的情况后，您没有斥责我，而是循循开导，用您的亲身经历告诉我，启发我。您的语言如阳光般温暖，驱散我内心的黑暗，指引我追寻光明。从此我无心恋红尘，只愿诗书相陪伴。

听，雨下得绵密起伏，就像那时我无法坚定的内心。也许极少有人明白天空中飞鸟折翼的感觉，痛苦、悲伤、无助。从班级的前十名沦落到倒数，我内心一切骄傲全被击碎了，那天差地别、孤苦无助的感觉每逢雨夜更深入骨中。凄凄冷雨击碎了花香，也击碎了我的心，我不知以何种方式、何种信念去战胜自己。我开始沉默、怯懦。

若是没有班主任您，我不知道自己会怎样。还记得那时放学同您一起回家，您询问我的学习情况、生活状况，一点点敲开我闭塞的心扉。心与心的交流使我知道，您未曾放弃过我，您一直相信我，您鼓励着我。后来，我重拾信心，残破的内心重流热血，便以满面笑容报春风，春风待我从始到终。

听，夏日的雨如瀑，仿佛那告别母校、告别恩师、告别挚友的学子的泪水，万千如洪，倾泻而来，夹杂着不舍与依恋。

忆从今，晚风钟声，夕阳霞云，蛙鼓蝉鸣。迎接高考的我们更加努力，日子一天天如水而逝，情感一天天积蓄，十二载风雨苦读，只为一朝马踏金鞍，看尽长安之花。三载青春无悔，酸甜融入血肉深入脑海。生病时扶额的亲切关心，赛场上的竭力呐喊，骄傲时的及时批评，进步时的鼓励，犯错时慷慨的包容。同校同乐，同喜同悲，不是亲人却胜似亲人。高三的苦与累您同我们承受，我们同您分享高考胜利的喜悦。

如烟尘浩瀚的往事历历可数，卫中三年的快乐与感动，对老师您的依恋与不舍皆化为无价珍宝，我不会忘，也不敢忘。报答春光知有时，应有美酒送生涯。

【优秀文2】

心怀母校，走向未来

陈佳丽

一位哲人曾说："人对母校的感情是难以割舍的，而且会越来越萦绕在意识深处，形成不断的梦境。"

在我看来，这份感情是不舍，是不舍之情萦绕在我们心中。铃声响起，校园恢复了它原有的安宁和谐。琅琅读书声，让人沉醉。独自一人下楼，沿林荫小路缓缓前行。究竟是满园春色陶醉了我，还是心中那份激动感染了我？我不得而知。寻一处清凉，静坐。听鸟虫低语，轻触春的气息，那份悸动，伴着春香细雨，仿佛要冲出胸膛。环顾四周，回看足迹，我明了——那份激动，是不舍，是我对母校满园春景的依恋不舍。如今我即将背起行囊，独自踏上前方未知的迷途。恐慌吗？迷茫吗？有，但更多的是因为离开母校心中的慌张与不安。

不舍校园的春景，更不舍母校中尽职尽责的老师。出教室站于楼前，灯火通明，犹能透过窗户看到那认真讲课的高大身影。是高大的吧，在我心中是的。讲课声，声声入心间，声声敲打着我的感情神经。面对如此景象，有谁会不感动？

念及此处，不舍之情愈发浓烈。虽有深深不舍在心间，我亦昂首阔步，直面未来迷途，因为是母校给了我心灵慰藉，永存于我心间。

这份感情，亦是感恩。感恩，让我与母校更加亲密。

我的梦想在这里起航，是母校给予我坚实的双翼，待我长大之时，放开怀抱，让我心怀壮志，飞向未来，无所顾虑。往事浩若烟尘，往事又历历可数。

感恩母校，也是感恩老师。每堂课我听见的是你们的声声教诲，看见的是那一颗颗真诚的心。犹记得您伏在书案前批改作业的身影，那么美丽；犹记得您课堂上的声声咳嗽，那咳嗽声虽小，却重重地敲击着我的心，我心中涌起了感动，是感动，也是心疼，而我却只能跟随您上课的脚步，让您感到所有付出都是值得的。

在老师的教导下，我们的羽翼变得坚实，我即将远去，向那远方飞翔，感谢母校，感谢老师以自己微弱的烛光，照亮我们前行的道路。我即将远去，无论未来遇到怎样的困境，我将迎难而上，携着您对我满满的期望，飞翔。

这份感情，亦是由衷的祝福。

三年时光，转瞬即逝。我收获了很多，有快乐，也有感动。因为母校的栽培，我成了花朵，在每日的朝阳下伸展腰身；因为母校的培育，我懂得如何勇敢面对挫折，愈挫愈勇的我身上的盔甲闪闪发光，遮挡阴霾与寒风；因为母校的培育，我从一个懵懂无知的小孩逐渐长大，有了独立的思想，有了面对坎坷的勇气与决心……这些都将是我人生路上最珍贵的财富。

初入高一的我，赶上了学校课改。从课改中，我明白了合作的意义，也了解了校训"从严从细，求活求新"的意义。高二，我懂得了分别的难过，懂得了人生之路是自己一个脚印一个脚印踏出来的，懂得了无论选择什么，都要竭尽全力，尽自己最大的努力去拼搏。高三，我明白了什么是未来，人为什么要努力，懂得了奋斗的意义，体验了成功的喜悦，也欣喜于忙里偷闲的乐趣，知晓了拼搏的滋味。三年时光，人生五味尽在其中，有失去也有得到。这些都是母校所给予的最珍贵的青春记忆！感谢母校，即将远行的我，将竭尽全力拼搏，为母校争光！

唯愿母校能够为更多的学子提供实现理想的舞台。愿"中卫中学"四个字能被所有人熟知，更加闪亮。

我即将远行，与亲爱的母校分别，与敬爱的老师分别，但无论走多远，我终将把母校铭记。我以自己的努力，为母校建设增添自己的一分力。对母校的不舍、感恩终会化作心中最深情的安慰，终会是我未来旅途中最大的动力。

入母校，学于母校，未悔；母校，将永在我心中。

【优秀文3】

蔷薇花语　情寄母校

贠甜甜

穿过校园的操场，便到了一条树林中的幽径，四处一片寂静，只剩下我的脚步声。抬头望去，那原本单调的枯枝，已然让春风换上了嫩绿的新衣，而低下头，又看到弱小而又坚挺的小草，一切只如初见。

犹记得刚开学时同学们青涩而又迷茫的面孔，犹记得军训时那一首铿锵有力的军歌，犹记得运动会时同学们拼搏的身影，这一幕幕浮现在我的眼前。

现在的我褪去了初入学时的稚嫩，又以自强坚忍作为铠甲，变成一位在高考考场上挥斥方遒的战士。一步一步迈过挫折的我在寻找，寻找一个春日的童话。

你听，那凛冽的风吹过树枝，犹如一首离别的哀歌。还记得高三的第一堂课，白板上有"天道酬勤"四个字。在课后，这四个字便成为我的座右铭，时时警醒着我。它伴我学习到深夜，周围只有沙沙的落笔声和习习凉风；它伴我经过一次次失败的考试后，让我又提笔为刀、再战题海；它伴我度过那些平淡而又充实的生活。

你闻，那是蔷薇花在吐露芳华。讲台上的老师，眼底总有一抹青黛，声音大多是哑的。在盛夏时，一滴滴汗珠流到了他们斑白的鬓角间、躲进额头上的皱纹里。因长期使用粉笔而蜕皮的手是老师最美的地方。他们不争光芒、不做鲜花，甘做园丁和绿叶，当听到学生取得优异的成绩时，他们满足地笑了，那笑里有一种耀眼的光芒。

你看，那是无数卫中学生在给母校写最后的赠言。纸和笔的交织，谱写了一首对母校最真挚的歌。一张张白纸上有无数卫中学子给母校写下的情思。侧耳细听，教室里，回响着我们琅琅的读书声；放眼望去，操场上留下了我们努力拼搏的身姿；树林幽径上，留下了我们背书的脚步；办公楼内，留下了我们求真知的眼神。学校如同一个宝盒，装满了我三年的宝贵回忆。在离别时刻，我总情不自禁地含泪望向熟悉的角落，诉说内心的真挚情意。

你摸，那日益粗糙的树皮是岁月的积淀，我们如同那树，由嫩苗逐渐长大，由需要呵护到能遮风挡雨、回馈母校；那微卷的书页，记载了我们三年来的青春记忆，代表了高三学子应有的知识储备；那陈旧的讲台，老师在那里挥洒汗水、无私奉献；那齐腰的课本，记录着我们拼搏奋斗的日日夜夜。我的步伐还未停止，想在毕业前再好好看一看母校的样子，用深情的画笔把它勾勒在我的脑海中。毕业后我的步伐更不能停止，我要将"卫中精神"带到祖国的大江南北，或在细雨蒙蒙的西湖湖畔，或在晴空万里的苍山洱海，或在高大深邃的秦岭山涧，与我心中的母校来张青春的合影。

我最亲爱的母校啊，我愿做你的一枝蔷薇，不求牡丹的绚丽，不慕丁香的香气，只愿做一枝朴素而又芬芳的蔷薇，为母校献出光和热，愿你我伴着蔷薇的花香，写下这深情的离歌，愿你我伴着离歌，走向人生最珍重的时刻，愿你我不忘初心，为母校再添光彩。

以蔷薇花语，寄母校深情。

三篇优秀习作质兼美、情真意切，从不同角度表达了对母校的眷恋之情。围绕中心选取材料，综合运用多种表达方式表情达意。写作中的真实情感是学生积极、健康心智的具体体现，也是健全人格的体现。"问题对话"式教学就是通过激发学生写作欲望，通过经典课文中的正面人物培养学生崇尚真善美，抵制假恶丑的审美能力。真挚的感情是作文的灵魂所在，也是学生的个性表达所在。叶圣陶先生说："作文要说真话，说实在的话，说自己的话，不说假话、空话、套话。"因此，教师要教育学生记述真事，抒发真情。当然，表达观念明确，内容充实，感情真实健康也离不开艺术技巧的运用。比如，文章中可以运用细节描写，因为细节往往能打动人心。

那么，在写作教学中如何让真情在笔尖流淌，用真情打动读者？

第一，化为细节描写。没有细节就没有艺术。细节描写是刻画人物性格，揭示人物内心世界，表现人物细微复杂感情，点化人物关系，暗示人物身份、处境等最重要的方法。在作文教学中可以采用片段训练的方式引导学生有意识地采用细节描写。比如下面的训练示例：

要求：将下面的语段化为生活细节。

语段：幼稚的孩童时代早已远去，天真的少年时代也快结束了。当我临近高考的时候，我猛然发现，我已经开始走向青年。

参考答案：咬着奶嘴傻笑的幼年早已被收进妈妈的记忆；戴着红领巾欢唱"让我们荡起双桨"的日子，也已成了相册里发黄的照片。当我领到高考准考证时，我猛然发现，自己已到了领身份证的年龄，脸上长青春痘的苦恼将要同如花的季节一起离我而去了。

细节是最生动、最有表现力的手法，它往往用极精彩的笔墨将人物的内心世界表现出来，增添感人的艺术力量。

第二，化虚为实，化意为象。教师在作文教学中可以通过培养学生的想象和联想能力，让学生有意识地将"虚"的情景，变为"实"的真实存在；把抽象的概念、话题通过具体可感的"物象"表现出来。下面的训练活动就是培养这方面能力的。

要求：将下面一句话化为形象。

语段："孝"，是中国传统美德。古代有许多的孝子。

参考答案："孝"是什么，"孝"是老莱子的彩衣娱亲，是王祥的卧冰求鲤，是孟宗的哭竹生笋，是朱寿昌的弃官寻母。

第三，化为历史事件。引导学生在写作时可以将自己所思、所想、所看到的转换成某个"话题"，提炼成某个"主题"。为增强写作的感染力可以将这些"话题"或"主题"借用历史故事传达出来。示例展示如下：

要求：将你对"亲情"的理解借历史事件（故事）表达出来。

参考答案：因为亲情，才有木兰替父从军的壮举；因为亲情，才有孟母三迁教子的坚决；因为亲情，才有沉香劈山救母的勇毅。

第四，化为自然景观。自然景观包括天然景观和人为景观的自然方面。自然景观具有鲜明的审美属性，有形态美、色彩美、听觉美、象征美、嗅觉美和动态美等审美元素。教师引导学生写作时，为表现主题可以将情感活动借助于自然景观表达出来。例如：

亲情是长白山山顶的积雪，简洁却永恒；亲情是底格里斯河的流水，轻柔却又悠长；亲情是西西里岛的那轮落日，缠绵却又绚烂；亲情是美索不达米亚平原的碑文，模糊却又隽永。亲情，亲情！亲情超越了时空，编织了人生最美丽的彩虹。

作者借助于最能触动情感波澜的积雪、流水、落日等自然景观表现亲情，可谓是真情在笔尖流淌。因此，作文作为复杂的精神活动，除了激发学生灵感之外，引导学生掌握书写真情的技巧也是必不可少的。

案例二：引导学生丰富人生体验

体验是指在实践中认识事物，亲身经历并用心体验生活。基于生活体验的"问题对话"式作文教学实质就是引导学生在实践中思考问题，在经历中和自然对话、和社会对话，用语言表达自己感觉与体验的综合性创造活动。

2018年8月，学校组织部分高一学生赴英国开展为期15天的研学旅行。笔者捕捉这一有利时机，要求学生要留心观察，用心体验生活，每人写一篇研学旅行随笔。

下面是研学旅行成果，辑录两篇展示：

【研学旅行随笔1】

美丽之旅
刘耘菊

当我左手拿护照，右手拉着行李大步走向机场时，我便已经将这次旅行印缩成了一片没有纹路的树叶，好好地存在了心里。我期待着归来，那时我将用什么样的心绪和什么样的方式为它绘满痕迹。此刻，当我落笔时，我清晰地看到它的纹路——追求美好。

晴朗的天气，红红的队服，可爱的小伙伴和"大领导"，让我们在愉快中开始了美丽之旅。我们聊着关于英国的故事，似乎一切从今天起都是幸福的。在一万米的高空中才知道离家已经很远，但更期待着十几个小时后到达的距家乡八千公里之外的国度。

踏上英国土地的那一刻，一种自然而来的陌生感被那里凉爽的夏风吹到我们的肌肤上，带队小姐姐的亲切和热情，很快便把陌生感驱走了。虽然真的很累，但我们还是忍着疲倦认真听着关于寄宿家庭的相关信息。英国的第一场大雨迎接了我们，真性情的英国人也让我们对即将到来的寄宿生活充满期待。

大片的草坪，悠闲的小木房，离地更近的天空，大片的云彩……牛津的每一次呼吸都是优雅的，每每风儿拂面，带给人的都是满满的舒服和温暖。我们早已鼓足的勇气，似乎还缺一些火候，还没能够轻松自如地与寄宿家庭的主人随心交流，尽管如此，我们还是自然地把礼貌风度带到了行走的每一处、行动的每一举。从保罗的第一堂课开始，我便爱上了英语课，幽默而严肃，轻松而有意义。我们也用积极的学习态度回应了老师的热情和敬业，卫中学子很棒！庄严的大学殿堂，古典庄重的剑桥大学，一艘艘清简的小木船，一双双渴望的目光，静美的康河与沉淀着无数情绪的桥儿，让我不禁张开双臂，拥抱这个地方，为来到这而倍感幸福。阳光普照的牛津街，散发着繁华又古朴的生活气息；每一个微笑、抱歉、感谢、鼓掌都彰显着这座城的文明与气质；每一声钟响、歌声、车鸣都体现着人们的素养和幸福，这些明亮美好的东西值得我们每一个人追寻。时光流淌在一个个角落，一件件小事——伦敦眼，大本钟，美术馆，博物馆，工作日的课程，小作文，电影剧本，销售海报，寄宿家庭的每一餐，花园里摇摆的秋千，每日准点的集合……扎实的英国生活，美好而从容。走过一个地方，路过一片繁花，见过一些美好，心生一种执念——美好，值得我们终生不断奔走，不断追求。我想，15天收获的这份美好，将引领我在未来两年脚踏实地奋力拼搏。

世界上的每一件事都是有始有终的，我们如期而至，也按期而别。虽结束了这场难忘的旅行，但收获到的美好将永存心中。未来，我们将重温这份美好，在灿烂的年纪，带着不懈的努力和永远的热爱，开启追逐美好之途！

【研学旅行随笔2】

遇见美好

赵月瑶

对英国，最初的印象就是简·奥斯汀的《傲慢与偏见》。也曾听到过一种说法：一流的大都会伦敦，二流的英国。心中很好奇，难道除了伦敦以外，英国其他的地方就乏善可陈了吗？当然不是。15天的游学之旅，开启了一场浪漫的邂逅。

魅力牛津

牛津，以大学群落组成，书香飘浮在空气中，往来的人群似乎都有博士袍加身的荣耀。伟大的曼德拉、撒切尔夫人、雪莱、霍金等，这些在各自的领域中作出杰出贡献的优秀人物都出自著名的牛津大学。在这样的地方漫步，身心仿佛浸润在知识的无边海洋中，脱离了世俗的趣味。我们第一站就来到了这里。我喜欢这里的一切，喜欢随意搁置却又整洁的自行车，喜欢善意微笑的路人，喜欢巴士司机每一句真诚的"Thank you"。

最欢喜的是我们住在一个温暖的寄宿家庭，来自巴基斯坦淳朴的穆斯林家庭对我们最贴心的欢迎方式就是每天为我们烹饪可口的饭菜，甚至主动学习中国菜，让我们感受家的味道。在牛津高级中学，我们的英语老师Paul与Jasper为我们共同营造了一个积极浓郁的学习氛围，同学们在课堂提问与交流中大大提高了自己的英语口语水平，使自己更自信地与他人交流，这是我们最大的收获。

到牛津必去的就是牛津大学，它不仅是英语世界最古老的大学，还是《哈利波特》的拍摄地和爱丽丝漫游记的发源地。庄严厚重的牛津大学，每个学院都有自己的建筑风格和规章制度。在这无数学者魂牵梦萦的地方，我们也悄悄埋下了梦想的种子。在这里最受我们喜欢的恐怕就是博物馆了。其中一个是阿什莫尔博物馆，是英语世界中第一个大学博物馆和公众博物馆，馆内收藏的大多是欧洲和东方的小件古董，精美绝伦的首饰、餐具、绘画等，这些无一不闪耀着历史的熠熠光芒。另一个就是自然历史博物馆了，这里藏有大量自然历史标本，包括恐龙化石。达尔文的《进化论》也曾在这里发表，华丽的建筑与完整的自然标本使得这里游人如织。

来到斯特拉福德镇，这里是伟大的莎士比亚的诞生地与逝世地。小镇紧临埃文河畔，街口矗立着一座小丑的青铜雕塑，这个小丑代表着莎翁的四大喜剧之一《皆大欢喜》。莎翁的故居是一栋黑色与浅棕色相间的两层小楼，里面的班克罗夫特花园立着五座雕塑，四周花团锦簇。这五座雕塑代表着莎士比亚和他的戏剧。莎士比亚本人端坐在正中，若有所思地望着远方，嘴角一抹微笑，仿佛灵感正泉涌而出。

诗情剑桥

"轻轻的我走了，正如我轻轻的来，我轻轻的招手，作别西天的云彩。"杨柳依依，犹如一条碧带的康河，浪漫诗人徐志摩也是为这番美景而迷恋吧。船夫立着一根半丈长的竿子，往水下撑去，周围的水波向四周散去，偶尔船夫说几句俏皮的中国话，我们的笑声也就随着碧蓝无瑕的水花荡漾。剑桥著名的国王学院由英国国王亨利六世设计兴建，哥特式的建筑以凌厉美冲击着我们的视觉。学院的对面有一座极富特色的"蚂蚱钟"，钟面上没有指针，只有一只蚂蚱，随着蚂蚱前行的脚步，时间一分一秒地流逝。"蚂蚱钟"十分形象地告诉人们，时光易逝，懂得珍惜。

浪漫巴斯

在英国，除了伦敦，我最神往的就是巴斯了。这个城市当年的热闹和优雅，还有保留至今的古典气息，让我一直无比神往。从18世纪开始，巴斯随着大英帝国的兴盛和财富积累而复兴，城市的整体格局是17世纪、18世纪的威廉、乔治王朝风格，受欧洲文艺复兴的影响，商业区和中心区高大的砖石建筑完整统一。在这里，我们去了大型古建筑群——皇家新月楼，新月楼的道路与房屋都排列成新月弧形，尽显高雅贵族风范，被誉为英国最高贵的街道。楼前是一片绿茵茵的草坪，恰如太阳，整体呈日月环抱式。

瑰丽伦敦

我们最后的返程站就是首都伦敦了。如果说温莎城堡倾情诉说的是从诺曼到温莎八个王朝的千年宫闱故事，那么伦敦这个世界级的特大城市就是一部厚重的集历史、政治、文化、艺术、建筑、时尚为一体的大百科全书。千禧桥、碎片大厦、伦敦眼与威严壮观的伦敦塔桥和古老而凝重的伦敦塔形成了鲜明对比，令这一段泰晤士河变成一条从历史驶向现实的时间隧道。在国家美术馆中，我们欣赏了中世纪艺术巨匠的作品，其中达·芬奇的《岩间圣母》、凡·高的《向日葵》等，都让我们游走在这些画作的故事中，令我不禁感慨，艺术是这世间最美丽最具灵魂的语言。

我们15天的游学之旅在伦敦国际机场迎来了尾声。15天短暂而美好，因为和同学们一起努力学习过，我们十分不舍。但生活继续、学习继续，就如村上春树所说"迷失的人迷失了，相逢的人会再相逢"。我相信通过我们的不断努力，会在更美丽的地方再次相遇。

选录的两篇研学旅行随笔是学生用心感悟、真实体验的智慧结晶。写作来源于生活，同时也是对生活的艺术表达。这一写作的真相揭示了写作的规律，符合学生写作的认知心理。因此，在写作训练中有必要主动创设情境，鼓励学生躬身实践，积极主动和文本、生活"对话"，思考社会、思考人生，体验生活，品味人生，从而形成正确的人生态度和价值观。在"问题对话"式写作教学中，我们坚持以"人的全面发展"为育人目标，以参与体验为"主脑"，以写作技巧为支撑，以理性精神为核心，引导学生有创意地表达，让学生关注社会，感受时代发展的脉搏。

生活是写作的源泉，写作离不开生活的沃土。一方面，教师应该引导学生认识生活、了解生活、体验生活、思考生活，激起写作欲望；另一方面，要培养学生的观察力。写好作文，不深入生活认真观察分析、培养观察能力，是不行的。法国大文豪莫泊桑也告诫我们："对你所要表现的东西，要长时间很注意地去观察它，以便发现别人没有发现过和写过的特点。"教师引导学生观察时不仅要让学生养成观察事物的习惯，而且在观察事物时，要善于探幽索微，捕捉特点，进行联想，发现规律。同时，要重视积累。积累是为了巩固观察结果而采取的行动。"问渠哪得清如许？为有源头活水来。"要写出内容丰富的文章，就要有丰富的积累，积累是写作准备过程的一个重要阶段，即把观察后得到的结果以各种方式保存起来。这些结果，可以进入人的记忆中，也可以用文字等形式记录下来。

不论是写人叙事，还是抒情议论，首先必须将自己"摆进去"。不仅要仿佛看到、听到、触到、嗅到或尝到所描之物、所写之人、所绘之状，还要达到"神与物游""人与物合"的艺术境界，将自己的情感与由观察所得的感觉、知觉相互渗透、相互交融，达到"人文合一"的境地。平时可以让学生结合校内外、国内外发生的时事，开展探讨，让学生各抒己见、相互辩驳，教师及时给予适当的引导和拨正，使正确的见解渐渐浮出水面。通过语文活动来训练学生捕捉写作素材的灵感，提高学生的理解分析能力。总之，只有用心感悟生活，才能写出感人肺腑的、有生命力的文章。

案例三：关注社会热点，厚植家国情怀

2019 年底，新冠肺炎疫情暴发，并很快席卷全球。全国人民积极投身到疫情防控的人民战争、总体战、阻击战中。在这场没有硝烟的战斗中，医护人员奋战在抗疫一线，成为最美"逆行者"，被人们称为新时代最可爱的人。

在国家危难之际，为教育学生弘扬"一方有难，八方支援"的中华传统美德，学习医者仁心的无私无畏精神，厚植家国情怀，传递学习英雄、崇尚英雄的最美真情，笔者创设情境，引导学生写作。

下面是布置的写作任务：

阅读下面的材料，根据要求写作。

材料 1：日前，武汉疫情"吹哨人"李文亮去世。他向身边人发出疫情早期预警时，知道这样做有风险，是医者仁心的担当意识，让他鼓起勇气吹出预警疫情的哨音。此后，他坚守在抗疫一线，并不幸感染新冠肺炎。他在病床上对记者表示，希望尽快治愈，重返前线战场。（来自《中国青年报》）

材料 2：有的人活着，他已经死了；有的人死了，他还活着。有的人骑在人民头上："呵，我多伟大！"有的人俯下身子给人民当牛马。有的人把名字刻入石头，想"不朽"。有的人情愿作野草，等着地下的火烧。（摘自臧克家《有的人》）

材料 3：为众人抱薪者，不可使其冻毙于风雪；为人民开道者，不可令其困厄于荆棘。（摘自网络格言）

读了以上材料你有什么感受或思考？请选好角度，准确立意，自选文体，自拟题目，写一篇不少于 800 字的文章。

学生根据情境"问题"，完成了写作任务。许多同学以笔为戎，心怀正气，歌唱奋战在抗击疫情一线的最美"逆行者"，表达了战胜疫情的坚定信心，助力打赢疫情防控阻击战。下面是摘录的三篇优秀作文。

【优秀文1】

我敬你，最美"逆行者"

杨 桐

所谓白衣天使，不过是一群孩子，换了一身衣服，学着前辈的样子，治病救人，和死神抢人罢了。

——题记

庚子年这个正月，是不平静的。新冠肺炎疫情暴发，湖北成为重灾区。在本该家人围坐一桌、阖家欢乐共庆佳节之时，却上演着离别……他们是父母，是丈夫，是妻子，是儿女，但都有共同的身份——白衣战士。

"国有战，召必回，战必胜。"请战书上的最后一句话，是他们对祖国和人民的庄严承诺。武汉是疫情的重灾区，昔日的樱花之城顷刻被阴霾笼罩，空荡荡的大街只余下了呼啸的寒风。没有了烟花爆竹的声响，没有了年夜饭桌上的欢声笑语，留下的只有无尽的担忧和一声声叹息。我们想起了2003年的那场"非典"，我们开始埋怨，埋怨吃野味人的无知，我们开始恐慌，对武汉同胞避而远之。但我们更应牢记"一方有难，八方支援"，我们更应想到全国人民众志成城战胜"非典"的伟大创举。

"岂曰无衣？与子同袍。"疫情蔓延时，84岁的钟南山院士说："没什么特殊情况，不要去武汉。"可他却"逆行"冲往防疫最前线。疫情蔓延时，73岁的李兰娟院士说："国家的大事，自己义不容辞。"她前往疫情一线亲自察看。疫情蔓延时，王辰院士说："在重大疫情突发的关键时刻，科研人员要能顶得上。"他牵头带领成立中国工程院专项工作组，为科研攻关提供有力支撑。还有很多普通医护人员，他们甚至没有和家人道别，毅然奔赴危机四伏的战场。他们是白衣战士，他们更是让我们敬佩、自豪的英雄。在全国人民都闭门不出时，有人不惧危险，为大家提供生活物资，有人为坚守岗位的警务人员送去口罩而不留姓名。他们是普通百姓，他们同样是让我们肃然起敬的"平民英雄"。

多年后，后人提起：己亥末，庚子春，全球大疫，染者数万，众惶恐，举国防，皆闭户，道无车舟，万巷空寂。幸龙魂不死，风雨而立，医无私，警无畏，民齐心！月余，疫除，终胜。此后，风调雨顺，国泰民安！

但凡不能征服我们的，都会让我们变得更强大。相信全国人民众志成城，阴霾终将散去，春暖花开的日子一定会到来！

【优秀文2】

愿春满园，山河无恙

李贝贝

原本喧嚣的城市，猛然之间，马路上的车辆少了，商场里面的人少了，地铁、高铁上少了拥挤，游乐园里面也少了孩子们的欢声笑语，广场上老大爷、老大妈跳舞的歌曲也悄然无声了……整个中国就像是被人按下了暂停键，这是我们这代人以前都不曾经历的。

2019年底，疫情突如其来。病毒肆虐，疫情的阴影笼罩在每个人的身上，假期不断在延长，在大多数人还宅在家的时候，84岁高龄的钟南山院士冲上前线，身患渐冻症的武汉金银潭医院院长张定宇咬牙坚守岗位，各地援鄂医疗队不顾风险奔赴"前线"，无数英雄勇赴险境，共同筑起一道道守护生命安全的稳固"长城"。

江山如画，一时多少豪杰。古往今来，沧海横流，方显英雄本色。疫情来临之后，一幕幕感人的情节让我难以忘怀。无法忘却，医护人员像战士一样冲锋陷阵，他们按下自己的红手印，发出"国有战，召必回，战必胜"的铮铮誓言；无法忘却，年轻的护士小姐姐双手被消毒液腐蚀得伤痕满满，但是为了节省一套防护服不敢喝一口水；无法忘却，韩红搜肠刮肚援助武汉……为众人抱薪者，不可使其冻毙于风雪；为人民开道者，不可令其困厄于荆棘。

在历史的转折点，英雄常常横刀立马，力挽狂澜；在命运的转折点，英雄常常视死如归，勇赴国难。疫情当头，78分钟，将17年前小汤山图纸整理完整；24个小时，拿出设计图纸；60个小时敲定施工图纸。哪有什么"基建狂魔"？他们承载着几亿人的殷勤期盼，这彰显的是大国工匠精神。英雄伟大，是因为他们事业伟大；英雄不朽，是因为他们功业不朽。

有的人活着，他已经死了；有的人死了，他还活着。有的人骑在人民头上："呵，我多伟大！"有的人俯下身子给人民当牛马。有的人把名字刻入石头，想"不朽"。有的人情愿作野草，等着地下的火烧。疫情期间，有的人尽自己绵薄之力，奉献自己，保护他人。可是有的人却在国难当头制造麻烦，黑心商家哄抬口罩价钱，黄冈的唐主任"一问三不知"，有些网友在网上充当键盘侠，不断地扰乱民心……一些让人愤怒的行为，实在有辱中华传统美德，让人心寒！

中华民族是一个崇尚英雄且英雄辈出的民族，英雄无论少长。"宣夫犹能畏后生，丈夫未可轻年少"这是少年英雄气概；"莫道桑榆晚，为霞尚满天"这是老英雄的壮志。面对英雄的挺身和复出，我们没有理由不扛起属于自己的责任，我们虽然没有走向抗疫前线，奋斗在第一线，我们能做的是默默为那些最美"逆行者"祈祷，不给国家添麻烦。这样，就可以让他们少流汗水，少点担忧，这就是对英雄最好的守护！

愿春早来，花枝春满，山河无恙，人民皆安。

【优秀文3】

雾霭终散，守得云开
——致敬最美丽"逆行者"
周 晗

从风月同天到万千逆行，人性依然闪烁夺目。黑暗之中，荧荧之光点通天之亮；旭日初升，雾霭终散望人间曙光。

月明星耀，诠释中国之大爱。"我们自古以来就有埋头苦干的人、有拼命硬干的人、有为民请命的人、有舍身求法的人……"这些人是鲁迅先生所称赞的"中国脊梁"。在疫情的"风暴之眼"中，那些坚定的身影，令人动容，他们以萤烛之光，点燃希望和信念的光芒。

用生命警示大众的疫情"吹哨人"李文亮；写下现代版《与夫书》毅然奔赴一线的护士张旃；身患渐冻症仍坚持一线的院长张定宇；年过古稀的传染病学专家李兰娟；未完成婚礼与妻儿天地永隔的医生彭银华……世界英雄，不过就是普通人拥有一颗伟大的心。风光霁月，真英雄也。

勇赴国难，不惧未知之迷茫。前路虽未知，勇者亦无惧。世上没有从天而降的英雄，只有挺身而出的凡人。这世间天使模样，是最美"逆行者"的光芒。

除夕夜，团圆日，在和乐满堂之外，在我们看不到的角落，总有人在默默坚守。他们逆着千万车流，在凛然寒冬中毅然选择奔赴最前线；在对疫情风险性、传播性、致命性一无所知的时候，他们一马当先，奋不顾身地把自己暴露在疾病面前，暴露在病毒威胁的环境中，为了挽救更多的生命在所不辞。他们冲锋陷阵，迎难而上；他们坚守岗位，忘我工作。他们是美丽的天使，是时代英雄，是最美"逆行者"。

山川异域，共盼樱花盛开。"岂曰无衣，与子同袍。"灾难面前，没有人能独善其身。万众一心，没有翻不过的山；心手相牵，没有跨不过的坎。

从共产党员"我先上"的无畏担当，到医疗队"我愿意"的请战誓言；从社区卫生组织"我保证"的认真负责，到各地医院"我支持"的自觉配合，全国各地形成全面布局之势，构筑了抗击疫情的铜墙铁壁。重要并不是伟大的同义词，它是心灵对生命的允诺。

17年前我们能战胜"非典"，今天我们一样会赢！希望的火苗在冻土之下熊熊燃烧，细微之处隐藏着春暖花开冰面破裂的声音。布衣之下流淌着滚滚热血，悄然凝聚着震撼人心的力量。

皓月清凉，星河滚烫，人间星光；疫情终时，雾霁终散，拨云见日。孤城一座待破晓，华夏一心动乾坤。

这是一则典型的社会热点写作案例，充分创设情境，通过问题引导学生对话，激发写作热望，厚植家国情怀，培育民族精神，增强民族自信心和自豪感。首先引导学生明确写作要求，这是一篇任务驱动类作文，以完成任务为要。副标题"致敬这样的人"已明确了写作任务的内容，即致敬什么样的人，为什么致敬，怎样致敬。然后，引导学生提炼中心。第一则材料让学生抓住关键词"医者仁心的担当意识"，这种精神品质是我们致敬的原因之一。第二则材料写"有的人"的表现，概括出两类人，一类人作威作福，欺压人民，如这次抗疫中不作为的官员；另一类人不计名利，默默奉献，如冲在最前线的医务工作者。两者可构成正反对比论证，而重点放在赞美后者，这也是我们致敬的理由。第三则材料是理解"为众人抱薪者，……不可令其困厄于荆棘"的含义。可以提炼出观点：不能让有开拓、奉献精神的人首当其冲，我们应该尊重、支持、帮助、保护他们，愿意和他们同行。在行文构思方面，按照对话教学的逻辑关系引导学生思考回答"是什么""为什么"和"怎么办"的问题。是什么：以疫情为背景，指出李文亮、第二种"有的人"、"抱薪者"等人的精神品质，引出致敬对象。为什么：概括分析致敬的原因。例如，原因一：医者仁心，担当重任。原因二：不计回报，默默奉献。原因三：敢做敢言，立德立行。怎么办：表明心志，表达我们的理解、支持；呼吁大家行动起来，声援并保护我们的英雄。

这样层层剥茧抽丝，学生的写作兴趣被调动起来了，实现了"作文"和"育人"的目标。

（二）口语交际案例评析

语文课程标准强调，语文是最重要的交际工具，是人类文化的重要组成部分。口语交际能力是学生必备的能力，语文教学应重视培养学生倾听、表达和应对的能力。这说明，口语交际能力的培养应成为语文教学不可或缺的部分。口语交际在高中语文必修和选修教材中都有涉及，一般分为诵读、演讲、讨论、辩论、访谈等形式。

案例一：诵读——借助现代信息技术表现意趣

诵读是一种口语交际的形式和传情艺术，恰切优美的诵读能准确传达诗歌的思想内容，引起听众的共鸣。当今，"互联网＋"走进新时代，它渗透到日常生活、工作中，以不可阻挡的趋势向我们走来。毋庸置疑，"互联网＋"在教育领域的应用日益广泛，其转变了教学方式，推动着教育教学改革向纵深发展。在诵读教学中借助现代信息技术可以提高诵读效果。

下面，以古典诗词的诵读为例，简要评析苏轼的《念奴娇·赤壁怀古》诵读教学案例。

《念奴娇·赤壁怀古》"问题对话"式诵读设计

教学目标：

1. 引导学生想象、领略赤壁景象的雄奇壮美。

2. 用声音再现苏轼面对壮观景象的豪情壮志。

教学重点：有感情地朗诵《念奴娇·赤壁怀古》。

教学准备：《念奴娇·赤壁怀古》朗诵视频。

教学过程：

一、导引

由背诵《三字经》的有关段落启发学生认识到背诵的重要性。

二、视频激趣，指导朗诵

1. 自由朗诵，体会词的魅力。

2. 听朗诵示例，仔细体会其中情感，重点把握节奏、断句。

3. 个别朗诵，及时发现学生朗诵中的优点以及不足，并加以指导。

4. 再听朗诵示例，然后分小组朗诵，让学生自己把握形式，然后比比哪个小组读得好。

5. 集体朗诵。

三、谈诵读感悟

通过这堂课的学习，看看学生对朗诵有什么认识与了解，跟学生交流一下。

诗人用语言绘色绘形，美妙的"诗笔"可使"诗中有画"，融诗情画意于一体，这是古诗词的动人之处，也使得多媒体为古诗词诵读教学呈现画面成为可能。教师利用网络资源及动画技术收集、设计并制作优美的画面，积极努力地再现诗词描写的情境，使学生获得视觉美。如在指导学生朗诵苏轼的《念奴娇·赤壁怀古》时，把大江奔涌、苏轼画像等图画元素作为制作 Flash 课件的背景，调动学生的心、眼、口、耳等感官，通过诵读传出文字的情趣，激发学生朗诵的兴致，从而品味苏轼复杂矛盾的思想情感。

诵读是古典诗歌教学不可或缺的方法，也是记忆、阅读、鉴赏诗歌的基础。心理学表明，在教学中学习主体的主动性、教学的直观性和形象感，有利于学生记忆和想象。因此，教师在古典诗歌诵读教学中如果利用"互联网＋"平台，运用信息技术创造教学情境，通过文本、图像、声音等元素，刺激学生感官，引导学生反复朗读，可以让学生深入理解诗歌内容，提高学习效果。

1. 高中语文古典诗歌诵读教学现状

（1）教学准备不充分，诵读活动肤浅。诵读是一种口语交际的形式和传情艺术，恰切优美的诵读能准确传达诗歌的思想内容，引起听众的共鸣。现实教学中，诵读教学常常局限于就教学的单篇诗歌开展诵读活动，较少利用互联网查阅该作者其他作品或与其风格相似的古典诗歌加以组合诵读。在课堂上，教师往往采取肤浅的个体朗读、小组朗读、全班朗读等形式，较少从诗歌的意趣出发引导学生深入"吟诵""涵咏"诗歌。为应付考试，教师片面追求"高分"，甚至忽视诗歌诵读活动，整个教学关注的只是诗歌的理论知识和答题技巧，没有引导学生从诵读教学中体验审美情趣。

（2）诵读教学模式化，忽视诵读情境创设。古典诗歌的诵读需要把文质兼美的作品转化为有声语言，实质是再创作、再表达的艺术活动。在教学实施过程中，传统的诵读教学只是将无声语言通过简单的发音转化为有声语言，使得诵读教学内容单一，诵读手段简单，缺乏创新。部分教师陷入一种简单化的诵读教学套路：自由读—个别读—全班读，较少利用"教学助手"等智慧课堂教学软件配置音乐、动画以创设教学情境指导学生诵读。这种封闭的教学模式，容易导致学生审美疲劳，产生厌倦情绪，甚至对学习丧失信心，更不用说体验古典诗歌的意境和意趣之美了。

（3）诵读教学的内容狭窄，反馈不及时。传统的诵读教学评价方式很简单，大多停留在口头的激励，教学效果的反馈也很漫长。一些教师由于教学思想认识不到位，加之受教学条件的限制，教学监控的内容和手段形式化，甚至监控不到位。一方面，受传统教学方式的影响，诵读教学一般在课堂上就教学内容开展，很少在现场利用网络开展延伸诵读，难以深入培养学生的诵读素养；另一方面，受教学观念的影响，有些教师在诵读教学中没有充分利用希沃等智慧课堂教学软件开展课堂评价，忽视了教学效果的检测，反馈不及时，无法评价课堂教学效果。

2. "互联网＋"背景下高中语文诵读教学走向

（1）诵读教学方式呈现多元化。在"互联网＋"教育时代，教学方式不再是单一的，已呈现多元状态。古典诗歌的诵读教学不再局限于课堂，教师可以利用云平台，进行线上、线下一体化教学，推动古典诗歌教学活动的深入开展。智慧化的诵读教学活动也不会受时空限制，学生随时随地可以享受古典诗歌的独特之美。

（2）诵读教学课堂管理现代化。现代化是"互联网＋"背景下的教育模式最大的变化，可以充分利用现代信息技术软件对课堂教学进行全面管理与监控。教师借助大数据处理技术，对学生的诵读过程、参与度、思维发展度等加以详细跟踪和分析，这样教师就可以及时掌握学生学习的参与度，评价学生的诵读效果。

（3）诵读教学内容变得个性化。在"互联网＋"背景下，师生获取诵读教学资源的途径更加丰富，诵读的音视频资源可以在"互联网＋"平台上快速、便捷、高效获取。此外，教师利用大数据处理系统，分析确定学生的听读兴趣，用"推送技术"精准提供学生最需要的朗诵材料。

3. "互联网＋"背景下高中语文诵读教学实践

（1）利用现代信息技术创造诵读教学情境：

第一，配制画面，形象直观。诗人用语言绘色绘形，美妙的"诗笔"可使"诗中有画"，融诗情画意于一体，这是古诗词的动人之处，也使得多媒体为古诗词诵读教学呈现画面成为可能。教师利用网络资源及动画技术收集、设计并制作优美的画面，积极努力地再现诗词描写的情境，使学生获得视觉美。

第二，选择恰当的音乐，烘托气氛。诗词是可以吟唱的，因此从来不会有人怀疑诗词音乐性的重要。即使在今天，诗词的曲调大量失传的情况下，节奏和韵律同样是古代乃至现代诗歌的重要因素。因此在指导诵读时，教师依据诗词的风格和内容，选择合适的古典音乐作为背景，可以起到渲染气氛，激发学生的愤悱欲望，深化诗词的意境。在抑扬顿挫的古乐和诗词平仄间形成的疾徐旋律的密切配合下，学生的诵读也摆脱了平日的拘谨，变得抑扬顿挫起来。如诵读张若虚的《春江花月夜》时，可先播放根据此诗所配的乐曲《春江花月夜》，让那平缓流畅的曲调在教室里回旋飘荡，在优美的旋律中，学生张开想象的双翅，仿佛看到了一波又一波的春潮在不断涌动，江上水波激滟，在水天交接的地方，一轮明月正冉冉升起……又如教学苏轼《江城子·十年生死两茫茫》时，可以选择《江河水》这首乐曲，通过凄婉的旋律凸显苏轼丧妻后的痛苦思念之情。在音乐的伴奏下，学生诵读的节奏与乐曲的高低起伏相得益彰。

第三，在线听诵，体会美感。在"互联网＋"背景下，教师可以充分利用在线朗诵媒介，如微信、豆瓣、网易蜗牛等软件反复耳听口诵，让学生在"欣赏—模仿—诵读"中把握朗读节奏，懂得诵读艺术，提高诵读水平；进而，让学生把握诗词的内涵和美感特征，整体把握诗词的意象，达到"忘我"境界。

第四，再现历史，加强体验。在诵读有关作者人生经历、朝代变迁的古文时，如果教师能够运用多媒体技术把当时的事件再现在学生面前，就可以克服时代久远所造成的时空隔阂，让学生不仅能够读懂文章，而且能够做到明史、立品、做人。如教师在讲授文天祥的《指南录后序》时，就可以把文天祥从北军大营逃出，九死一生辗转长江南北的路线设计成动画，使学生在诵读时有一个形象的认识，同时也加深了学生对文天祥为了中兴复国，不惜生命的民族气节的理解和敬仰。又如教师在讲授苏洵的《六国论》时，可以用多媒体技术再现当时齐、楚、燕、韩、赵、魏六国的地理位置、国家实力及被秦所灭的先后顺序，使学生更深刻地认识到"六国破灭"的原因是"非兵不利、战不善，弊在赂秦。赂秦而力亏，破灭之道也"。

（2）利用现代信息技术拓宽古典诗歌诵读面。中国古典诗词中的内容大部分属于意象类，诗词常常通过丰富的意象传情达意。作者在写景抒情时，总会通过意象给读者留下"空白"。诗词中的"空白"让读者驰骋想象，填补"空白"就成为解读诗歌的钥匙。"互联网＋"为我们提供多样的媒体资源，我们可利用微视频、微音频等资源快速便捷地搜索相关和同类的朗读材料。比如，在理解和把握古典诗词中关于"月"的意象内容时，师生可以快速找到与之关联的朗读文本，通过比较不同诗歌内容关于"月"的意象，加深对意象的理解。

（3）利用现代信息技术培养诵读实践能力。这样可拓宽学生的阅读视野，把诵读场地由课内延伸到课外，增强综合实践能力。学生可以借助 App 学习软件，自己选择朗诵材料，根据自己的理解，为它配上合适的画面或音乐，制作成古诗文朗诵 MTV，并开展诵读比赛，利用"教学助手"互动交流、点评。这样实现了朗读资源与互联网平台的相伴共生，阅读维度由个体朗诵走向交流合作。特别是在"学习任务群"的学习目标下，为开展主题性朗读奠定基础。

"互联网＋"背景下，在古诗文教学中运用现代信息技术，能改变以往古诗文诵读教学单调、枯燥的状况，使古诗文优秀文本表现出和谐的色彩美和高雅的音乐美。在教学互动中，师生或动中有静，静中寓动；或动静交叉，动静结合。在充满诗情画意的和谐美妙意境里，学生感受到了逼真的情境，诵读并品味揣摩诗文内容，领悟美妙和谐的意境。教学节奏被有效、快捷所代替，学生加快阅读的速度，并从互联网上获取更加丰富的阅读资源。

案例二：辩论——在问题与对话中捍卫真理

辩论是一种双方或多方观点对立而产生言语冲突的交际形式，其目的是得到共同的认识和意见，终极价值是追求真理，取得共识。辩论是一种思辨性的口语表达形式，能培养学生的辩证思维和批判性思维。

下面是笔者结合辩论教学设计的案例，分析辩论的内涵、原则、特点、流程等。

辩论教学设计

学习目标：

1. 知识目标：理解辩论的内涵，熟悉一般的辩论程序及规则，学习写作辩论策划及辩论词。

2. 能力目标：通过教学活动，培养和锻炼学生在辩论活动中的组织协调能力，努力做到准备充分、应对恰当。

3. 情感目标：学会与人就某一个明确的话题展开辩论，彰明己见，尊重异见，捍卫真理。

学习策略：讲授法，情境学习法，自主学习与合作探究相结合的方法。

学习时数：两个课时。

学具准备：多媒体教学设备。

第一课时

学习过程：

一、情境导入，整体感知辩论

案例展示分析引入新课：观看大专辩论赛录像——《中国名校大学生辩论邀请赛纪实》。

正方：苏州大学队

辩题：现代社会男女竞争是平等的

反方：中国政法大学队

辩题：现代社会男女竞争是不平等的

二、根据案例，设疑激趣

1. 辩论的含义与作用。

2. 辩论的特点。

3. 辩论的基本要求。

4. 辩论的种类。

5. 辩论的阐述类型。

6. 辩论比赛的特征与辩题的审立。

（活动设计：组织学生小组讨论后，选派小组代表交流。）

三、对话交流，探究释疑

（一）辩论的含义与作用

辩论，是观点对立的双方或多方，就同一论题，阐述己见，批驳或说服对方时所进行的言语交锋。辩论的最终目的是辩明事理，彰扬真理，否定谬论。

辩论的作用：①激发求知欲，深化对事物本质的认识。②培养综合能力，全面提高口语表达水平。

（二）辩论的特点

1. 观点的对立性。

2. 论述的严密性。

3. 表达的现场性。

4. 思维的机敏性。

（三）辩论的基本要求

1. 观点鲜明，理据充分。

2. 辨清辩题，理解原意。

3. 态度诚恳，有理、有度、有德。

（四）辩论的种类

1. 应用辩论。应用辩论是根据社会生活中某种特定需要而进行的辩论，一般以辨清某种特定问题的是非、曲直、真伪、优劣为目的，如法庭辩论、外交辩论、学术辩论、决策辩论等。

2. 赛场辩论。赛场辩论又叫模拟辩论，是就某一特定辩题，组织参赛双方展开论争,以决胜负的辩论。赛场辩论以培养机辩能力、培养辩才为目的。它起源于由英美等国的专家学者发起和组织的"国际雄辩运动"。

(五) 辩论的阐述类型

1. 申辩。申辩就是表明自己的立场,提出自己的立论,说明自己立论的理由和根据。

2. 驳辩。驳辩是揭露对方认识上的谬误,反驳其错误观点,以击败对方的立论;或者是指出对方论据的虚假之处,使其立论因失去依据而站不住脚;或者是指出对方论证方法的错误,揭示其论点与论据缺乏联系或论点未得到证明。

3. 答辩。答辩就是在对方不了解己方立论提出责难时,对己方观点或立论作出解释,或进行辩护,以解除疑惑,阐明真理的言语交锋。答辩根据目的的不同,可分为说服性答辩、解释性答辩和反驳性答辩三种。论辩中的答辩,主要针对对方对己方观点、立论的反驳而进行的论辩,因而具有两大功能:第一,为己方的观点辩护,是继续"立论";第二,驳斥对方的责难,是继续"反驳"。

因此,答辩要求做到:思维敏捷,逻辑严密;针锋相对,语言犀利;唇枪舌剑,讲究策略。

(六) 辩论比赛的特征与辩题的审立

1. 辩论比赛的特征:

第一,辩论比赛的主要目的不仅仅是探求真理,而且是要通过辩论来训练和提高队员们的思维能力,因此双方永远不可能被对方所说服;

第二,辩论比赛以获胜为目的,所以在辩论词上,只要能自圆其说即可,双方的言论并不一定是自己平时所持有的观点;

第三,辩论赛的胜负取决于评判员的评判,所以双方辩论队员在充分表现辩才的同时,应注重说服评判员,而不是说服对方辩论队员;

第四,辩论比赛为体现竞赛的公平、合理化,必须事先制定一套严格的比赛规则,其中包括辩题的选择,双方人数的限制,辩论程序、时间的规定,赛场主席、评判员的聘请和评分的标准等。

2. 辩题的审立:

①确定辩论的立场;②把握辩题的性质判断;③建构立论的框架。

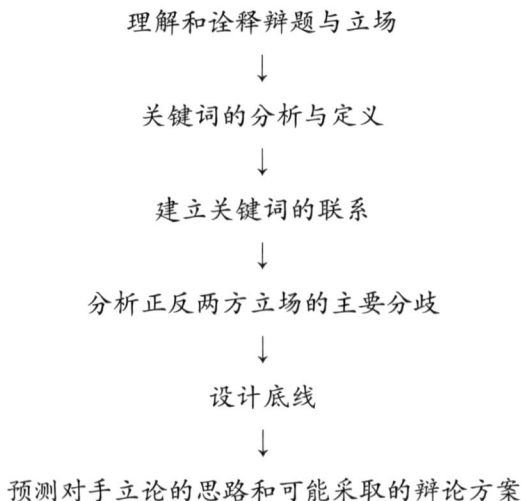

理解和诠释辩题与立场

↓

关键词的分析与定义

↓

建立关键词的联系

↓

分析正反两方立场的主要分歧

↓

设计底线

↓

预测对手立论的思路和可能采取的辩论方案

第二课时

一、鉴赏典型案例，导入课题

由《蒋梦麟独闯"虎穴"斥强敌》引入新课。

二、根据案例，设疑激趣

1. 辩论赛的流程及规则。

2. 辩词的写作要求。

（活动设计：组织学生小组讨论后，选派小组代表交流。）

三、讨论交流，归纳辩论赛流程及规则

（一）流程

1. 开场白。

2. 队员入场，介绍参赛队及其所持立场，介绍参赛队员，介绍评委及其点评嘉宾。

3. 比赛开始。

4. 评判团交评分表后退席评议。

5. 评判团入席，点评嘉宾评析赛事。

6. 宣布比赛结果（包括最佳辩手）。

（二）辩论程序

1. 陈词阶段：

（1）正方一辩发言（3分钟）。

（2）反方一辩发言（3分钟）。

2. 盘问阶段：

（1）反方三辩提问。

（2）正方一辩回答、提问。

（3）反方一辩回答、提问。

（4）正方二辩回答、提问。

（5）反方二辩回答、提问。

（6）正方三辩回答、提问。

（7）反方三辩回答。

（每人30秒，共3分钟。）

3. 盘问总结：

（1）正方二辩（1分30秒）。

（2）反方二辩（1分30秒）。

4. 自由辩论阶段：由正方首先发言，然后反方发言，正反方依次轮流发言（各4分钟）。

5. 总结阶段：

（1）反方四辩总结陈词（4分钟）。

（2）正方四辩总结陈词（4分钟）。

（三）时间

1. 陈词共6分钟：正、反方一辩发言各3分钟。

2. 盘问阶段共3分钟：提问用时10秒，回答用时20秒。

3. 二辩盘问总结，用时3分钟。

4. 自由辩论阶段共用时8分钟，每方用时4分钟。

5. 总结陈词阶段共用时8分钟，每方用时4分钟。

（四）规则

1. 盘问规则：

（1）每个队员的发言应包括回答与提问两部分。回答应简洁，提问应明了（每次提问只限一个问题）。

（2）对方提出问题时，被问一方必须回答，不得回避，也不得反驳。

2. 自由辩论规则：

（1）自由辩论发言必须在两队之间交替进行，首先由正方一名队员发言，然后由反方一名队员发言，双方轮流，直到时间用完为止。

（2）各队耗时累计计算，当一方发言结束，即开始计算另一方用时。

（3）在总时间内，各队队员的发言次序、次数和用时不限。

（4）如果一队的时间已经用完，另一队可以放弃发言，也可以轮流发言，直到时间用完为止。放弃发言不影响打分。

（5）辩论中各方不得宣读事先准备的稿件或展示事先准备的图表，但可以出示所引用的书籍或报刊的摘要。

（6）比赛中，辩手不得离开座位，不得打扰对方或本方辩手发言。

四、辩论赛准备与辩论稿的写作归纳

在材料准备充分、思路讨论清楚的基础上，教练应根据自己的总体构思，合理安排四位辩论员的辩论任务，并指导他们分头写辩论稿。

辩论稿的一般程序是启、承、转、合。即由1号辩论员破题，提出并正面阐述本方观点；2号接着加强论点，猛攻或坚守一个方面；3号的任务与2号相似，只是要比2号论得更深，议得更广；4号辩论员总结发言，升华本方观点，将辩论推向高潮。具体方法是：

一辩：如果是讲逻辑，其任务是：①讲清题意，即本方对辩题的理解；②判断题型，并予以解说；③抓住重心，并予以界定；④概述本方的基本立场及对方辩论的焦点、锋点；⑤概述本方立论的基本框架及逻辑结构。

界定的原则：第一，要有所本，即要有依据，有出处。第二，要合乎本义，合乎题意，并有利于本方的立场；尽量约定俗成，要交代本方的立论立场是从哪里来的，从属于什么样的公理、共理，但不要照搬照抄，无所作为。第三，要力求准确，不留缝隙；语言表达简明扼要，不要浪费过多时间。第四，要口语化，让人一听就懂。第五，中心词往往是本方立论的基础和辩论的依据，一定要仔细斟酌，不生歧义。

二辩：其任务是讲清本方立论的主要依据，即论据。因此需要对准辩论立论。理由要充分，尖锐。一般采用并列立论或递进立论来说明。一般而言，能够列出三条以上的论据，即有三个层次，所述理论的立体感和充实性就比较强。这可以根据具体辩题的情况来确定。

三辩：其任务是讲事实，可有以下几种方式：

1. 历史—现实法，即从历史事实讲到现实事实，其优势是厚重感强，也可以延伸为古今中外法。

2. 散点透视法，即选几个点来做说明。

3. 重点突出法，即重点讲某个点或某个面，以一总万，万取一收。

4. 三面合围法，即选几个方面来做说明，用来显示本方的立场。

必须注意的是：

第一，辩题被明确无误地确认后，参赛队员要对辩题进行严格的审题，也就是说，要对辩题字面上的每个词或词组逐个进行概念分析，即通常所说的"破题"。"破题"之后，要相互交流，共同商量，研究确立一个最有利于本方论证的具体的总论点。所谓最有利于本方，就是指该总论点不仅观点正确，旗帜鲜明，而且用之攻能破对方任何的立论，用之守能抵挡对方的任何攻击。

第二，每位辩论员尤其是前三位辩论员的中心观点必须十分突出，切忌混沌一片，不分主次。这样，每个人的发言既各有侧重，又与其他三位紧密联系，一环扣一环，能体现出良好的整体配合意识。另外，场上陈词的时间是有规定的，因此，陈词的撰写务必要考虑时间的分配问题。要仔细研究，认真安排以什么开头，怎么结尾，中心内容是什么，各自需要分派多少时间，什么样的比例才是对的，这样问题才能说清楚。因为要照顾场上情况的变化，适时改变、增减内容，一般一篇陈词不可写满，应该留出 30~40 秒，以用来场上补充或增加预期的处理。3 分钟的陈词一般情况下按语速来计算，大约有 850 字。可以在这个基础上适当增减，就不会超时或者不足时。

第三，由于辩论是口头表达，辩论稿应尽量口语化、生活化。另外，陈词是根据战略文案的要求来写的，它是辩手对战略文案的体现和落实。因此，一篇陈词，不仅要完成和体现战略文案最基本的要求，还要力争出彩、出效果，以引起听众的情感共鸣，所以必须考虑其中的闪光元素。陈词的闪光元素主要有：趣味元素、诗词元素、哲学元素。这三方面的元素不仅有助于正确立论，有效辩驳，还能够使陈词出彩生辉，夺人耳目。

第四，事先可以请教练或其他人讲一讲，以开拓思路，也可以适当阅读一些辩词以感受、形成自己的"辩词意识"，但是自己的辩词一定要自己来写。写的过程，既是消化、内化辩论过程的过程，也是进一步强化认识、反复印证论战策略的过程。通过写，会激活自己的思维和已有知识的储备。写不出来就逼着自己去钻研；写得顺畅，说明自己对问题的认识是清楚的、有把握的。无论如何，自己动手写辩词的过程是进一步认识、消化、内化、强化的过程。辩词写得好不好，在辩论的赛场上自然会显现出来。辩论稿可以请人看，提意见；也可以给人读，看反应。但是需要自己改，不可以请人改。在成稿阶段，教练切不可对辩论员各自的个性特点、语言风格有过多干预。

第五，辩论员应在教练指导下反复修改辩论稿。在写稿和改稿过程中，四位辩论员要随时互相借鉴、协调，互相熟悉各自的论点和论据，为自由辩论的默契配合打下基础。

五、拓展训练

辩题（任选一组）：

1. 法制能否消除腐败

正方　法制能消除腐败

反方　法制不能消除腐败

2. 金钱追求与道德追求能否统一

正方　金钱追求与道德追求能统一

反方　金钱追求与道德追求不能统一

3. 美是客观存在还是主观感受

正方　美是客观存在

反方　美是主观感受

组织方式：

八人一组，自选题目，自行确立正反方，利用团队活动时间进行辩论，推选两个优胜组进行实况录像。

评价方式：

1. 拟定评判标准，人人参与评判。

2. 老师与学生的评判各占 50%。

本则辩论教学案例采用"问题对话"式设计而成，意在让学生掌握辩论的基本知识，培养学生辩论的素养。这种形式的口语交际活动开阔了学生思维，锻炼学生的口头表达能力、资料检索能力、统筹分析能力。同时，这种活动加强了辩论团体之间的默契、团结协助能力，增进友谊；培养了学生科学探索、求真向善的品格，在学生心中埋下了真善美的种子。

《普通高中语文课程标准（2017 年版）》在"思辨性阅读与表达"学习任务群中指出："要引导学生学习思辨性阅读和表达，发展实证、推理、批判与发现能力，增强思维的逻辑性和深刻性，认清事物的本质，辨别是非、善恶、美丑，提高理性思维水平。"毋庸置疑，辩论在语文学科中对培养学生的辩证思维能力、批判性思维能力和逻辑思维能力具有重要意义。因此，教师在口语交际中要重视对学生批判性思维能力的培养。

辩论中批判性思维主要指辩论过程中对问题的洞察、分析和评估。它包括为了得到肯定的判断所进行的有形的或者无形的思维反应过程，并使科学的根据和日常的常识相一致。在语文教学中，批判性思维被确立为语文课程培养的目标之一。构成辩题中批判性思维的基本要素是断言、论题和论证。对辩题的识别、分析和评价等构成要素是形成批判性思维的关键。辩论活动中批判性思维理念关注的核心问题是逻辑知识与逻辑思维能力之间的关系，确切地说，是辩论技能和辩论能力之间的关系。显然，辩论的成效直接取决于辩论知识、辩论方法、辩论技巧等。在前面的案例中主要分析了辩论知识，下面主要谈辩论活动中辩论方法、辩论技巧对学生思辨能力的培养。

1. 运用恰当的辩论方法培养思辨能力

（1）以点带面，全线突破。俗话说："弱马易骑，弱点好攻。""墨写的谎言掩盖不住铁的事实。"在辩论过程中，面对难以突破的辩论局势，可以针对论敌的某些弱点、缺点，或谎言的疑点，发起攻击，进行突破，以点带面，来达到驳倒论敌、取得辩论胜利的目的。如以下这个故事：

一天，海关检查人员从一名英国水手的皮箱里，发现了一瓶可疑的牙痛粉，经鉴定是超级毒品。公安人员立即传讯了这名水手。

"你知道这是违禁毒品吗？"

"哦，对不起！这不是我的，是一名华侨旅客托我带的。"

"他是在什么时候、什么地点交给你的？"

"前天晚上，我正在甲板上升国旗，忽然发现国旗挂倒了，正要重挂的时候，这位旅客走上前来交给我的……"

"你升的是中国国旗？"

"我们是英国商船，当然升的是英国国旗。"

公安人员说："够了，先生，你编造的故事太离奇了。"

英国贩毒者无言以对。

按常规，轮船早上升旗，晚上降旗，水手说晚上升旗，显然是谎言；升的是英国国旗，而英国的米字旗是无所谓正倒的。

（2）分清语境，紧握主旨。在辩论过程中，总会涉及众多的概念，对容易发生争议的词语，不是论者先指出其含义，就是听者对此提出疑问。在特定的语言环境中，词语有明确的专门含义，但是在不同的情形中，词语的含义却会发生变化，辩论交锋则讲究语境前提相同，将偏离语境的词义纠正过来。如以下这个故事：

某校禁止学生穿拖鞋上课，而今天，甲穿了一双剪掉鞋后跟的凉鞋走进了教室，老师指责他说："你为什么穿着拖鞋来上课？"

甲："不，这是凉鞋。"

老师："鞋后跟全剪掉了，还是凉鞋？"

甲："当然是凉鞋！这就像一个人的腿断了，他还是人，而不是狗！"

老师先是一愣，但很快镇定下来。他双眼盯着甲，不紧不慢地说："你的话好像很中听，不过，你的辩解是错误的。"

甲顿时像泄了气的皮球，低下了头。

凉鞋之所以是凉鞋而不是拖鞋，最重要的在于凉鞋有鞋后跟，这就像一个人，如果他最重要的头部没有了，那他就不再是人了。

（3）以其人之道，还治其人之身。这是辩论中的以喻治喻法。以喻治喻是指对方在使用比喻论证某个问题时，外在气势虽然强大，但没有把握问题实质，使得比喻未能说明问题；而另一方灵活机智，采取以比喻反驳比喻的辩论技法。对方使用比喻辩论时，通常自以为把握了实质，而你突然用比喻反击，他往往会措手不及，使其观点不战而溃。如以下这个故事：

马铁丁曾批评一个骄傲的人："平时要注意群众关系，团结群众，争取群众的支持，以做出更大的成绩。"

这个人却不这样认为，他辩解道："只有羊呀，小猪呀，才是成群结队的，狮子、老虎都是独来独往的。"

马铁丁反问道："狮子、老虎是独来独往的，确实不错，可刺猬、癞蛤蟆又何尝不是独来独往的呢？"

2. 运用巧妙的辩论技巧培养思辨能力

（1）化害为利，转败为胜。第一，镇定自若，创造条件。第二，抓住转化的关键不放。第三，坚持不懈，见机而行。"害"不可能一下就转化得非常彻底；同样"利"也不可能一下就完全得到。它是一个在辩中去化、化中去辩的过程。因此，化，必须始终坚持，既不能沾沾自喜，更不可半途而废。不获全胜，绝不收兵。

（2）肯定其正，剖析其误。辩论中往往有这种情形，对方提出的观点并不完全是错的，而是正误混杂，若不给以区别对待，让对方在两种观点之间游离，则对辩论很不利，求同析异则能化解这个难题。求同析异不急着全面反击，而是先肯定对方论点里正确的部分，再抓住其错误的地方加以剖析，在有效的剖析里弄清问题本质。

（3）晓以利害，以情动人。在辩论中，有时争辩的核心问题往往是某一事物的利与害、得与失的问题，而趋利避害是人的天性。根据这个特点，我们在涉及这一类辩题的辩论时，可以针对对方的不同观点，晓以利害，让对方在权衡利害得失关系后，放弃其错误主张，使之与辩者的观点趋向统一，从而中止对方行为，这就是晓以利害的辩论技巧。

（4）巧设问题，因势利导。司马迁认为："善战者因其势而利导之。"这句话同样适用于辩论，即善辩者，对对方的观点并不立即反驳，而是利用其中的模棱两可，一步步地引导，最终水到渠成，引出自己的正确观点，否定别人的错误观点，这就是因势利导法。

3. 巧借谋略培养思辨能力

（1）顺其意而用，逆其道而行。《百战奇法》中说："顺其意而用，逆其道而行之。"意思是说在顺从中谋求攻敌之法，在佯顺中将敌人制服。在这里，顺敌是为了制敌，而逆势又是借助于顺势，顺逆结合，才能掌握战争的主动权。

这一军事谋略也可以用于辩论，在发现论敌的意图之后，因势顺从，诱敌深入，一直引向荒谬的极点，然后突然逆转，杀回马枪，击中其要害，置论敌于死地。如以下这个故事：

> 一个病人进入医院，对护士说："请把我安排在三等病房，因为我很穷。"
> 护士说："没有人能帮助你吗？"
> 病人回答："没有，我只有一个姐姐，她是修女，也很穷。"
> 护士嘲笑说："修女富得很，因为她和上帝结了婚。"
> 病人听了护士的讽刺，十分生气，回敬道："那你向我姐夫要钱吧。"

（2）借用幽默，消窘解困。在交际活动中，幽默而机智的妙语就像润滑剂，可以融洽双方的感情；坦率而风趣的话犹如开窍药，能够创造神奇的效果。如以下这个故事：

> 某一天上学时，小明由于忘记戴眼镜而看不清，其他同学嘲笑他时，他说："没办法，谁让咱生活水平高呢，今天我又吃对虾了。"这样小明就在大家的哄笑中缓解了自己的尴尬。

（3）各路设卡，多方刁难。在辩论中，常常会遇到一些无礼的诡辩。这些大多是穷途末路，却又很难用真理来驳倒它。这时可以用各路设卡、多方刁难的方法。如以下故事：

从前，有位财主，穷人见他都必须低头。有一次，一位年轻人见到他后却昂首挺胸地向前走。财主很气愤，骂道："穷小子，你为何不低头？"

"你有钱，可你的钱并不给我，我为何要向你低头？"

"好吧，我把我的钱拿十分之二给你，你给我低头。"

"你拿十分之八，我拿十分之二，这不公平，我还是不低头。"

"那么我把我的钱拿一半给你，你给我低头！"

"那时候，我和你平等了，为何要向你低头？"

财主无言以对，尴尬不已。

（4）委婉答话，巧妙回击。面对论敌的攻击，以含蓄、幽默的形式来进行反诘，这一巧妙的反诘不仅能赢得观众的掌声，而且可使寻衅者在被讥讽、嘲弄中无地自容。反诘其实是一种"明知故问"，这种方法的特点是抓住论敌观点的要害，单刀直入，从反面提问，答案往往就包含在问话中。如以下这个故事：

俄国诗人马雅可夫斯基不太注意仪表。有一次，他戴一顶破帽子外出，一个游手好闲的人嘲笑他："喂，你脑袋上的那个东西是什么玩意？是帽子吗？"

马雅可夫斯基应声反问："你帽子下面的那个东西是什么玩意？是脑袋吗？"

法国著名思想家伏尔泰说："我不同意你说的话，但我誓死捍卫你说话的权利。"在辩论中，不管辩论者社会地位如何，各方都应该是平等的，都应该拥有自由发表意见的权利。真理面前人人平等，政治、经济、伦理、学识、资历、攻防等方面的差异都不应该成为妨碍我们相互激励、共同探求真理的理由。

批判性思维的培养没有固定的套路，任何涉及智力或想象的主题都可用批判性思维的视角来审查。辩论中设置问题，采用各种对话方式，培养批判性思维能力，既体现思维技能水平，也凸显人文精神。在语文教学中，辩论是一种不可缺少的探究活动方式，对培养学生的学科核心素养有强大的力量。

五、"问题对话"式任务驱动型写作策略

(一)"任务驱动型"写作教学的含义及特点

1. "任务驱动型"写作教学的含义

"任务驱动型"写作教学是近年来高中写作教学中出现的一种新的教学范式,体现了语文课程改革研究新成果。"任务驱动型"作文的全称是叙事体新材料任务驱动型作文。其实质也就是有些地方所说的"时评类"作文,但本质依然是材料作文,只是在材料的基础上,增加了明确的指向性任务,引导学生就一个具体明确的要求来写作,让学生更好地围绕材料的内容及含义,选择最好的角度来写作。这种作文类型旨在培养学生的阅读能力、写作能力,特别是思维能力。要求教师要引导学生读懂材料,在读懂的基础上按照任务指令写作,所以学生要具备较高的阅读能力和领悟能力。在教学活动中如果采用"问题对话"式教学方法能有效提高写作水平,培养学生较高的思维品质,提高教学效果。

2. "任务驱动型"写作教学的特点

与以往传统作文类型不同的是,"任务驱动型"写作具有一定的封闭性,写作目的、要求更加明确、单一。教师要引导学生在真实的情境中辨析关键概念,在多维度的比较中说理论证。教学中要求引导学生就一个具体明确的要求来写作,从而更有效地规避套作和宿构,实现在应用层面考查写作能力。"任务驱动型"写作更能贴近社会生活;注重材料的启发和引导作用,更能体现学生分析问题、解决问题的能力;在角度、立意、文体和拟题等方面,给学生留出更大的自主选择空间。

"任务驱动型"写作与传统写作有较大的区别,它以"问题"为导向,在教学中强化了对学生思辨能力的培养。

表 7 - 1 传统写作与"任务驱动型"写作的异同

序号	比较点	"任务驱动型"写作	传统写作
1	说理要求	带有明显的任务驱动,包括文体、内容、思维、对象,学生要根据这些任务来写作,而不能脱离这些任务	包括"选好角度,确定立意,明确文本,自拟标题,不要脱离材料内容及含意的范围作文"等一般要求

（续上表）

序号	比较点	"任务驱动型"写作	传统写作
2	说理范围	要求说理时专论一点，集中精力，说清论透一点	空泛议论，学生只要从材料中提出观点，脱离材料纯议话题，材料再无他用，易套作
3	说理思维	要求学生就事论理，把理说清、把话道明，并且分析事件要贯穿写作始终	说理时面面俱到，广泛议论论的"点"多，但没有一点说深议透
4	说理态度	明显有对象意识，讲求入情入理不偏激，深入地阐述理由	简单粗糙，轻易下结论

从表7-1中，我们很明显地看出"任务驱动型"写作中要明确任务驱动指令，紧扣任务驱动对象，不能简单粗糙地表态，要分析事件背后人性善恶的根源，挖掘潜藏于事的因果得失，寻找改良社会的良药。教师要引导学生通过分析问题，鼓励学生善于倾诉自己，聆听他人；深入分析，表达善意。

（二）"任务驱动型"写作教学的意义

1. 有利于培养学生强烈的社会责任感

"任务驱动型"写作的材料设置，指向了与学生日常生活、社会生活相关联的具体情境，引导学生关注社会、关注人生，培养学生正确的人生观和价值观。教学时应以任务限定真实情境的方式驱使学生思考社会、思考人生，以负责任的态度阐发自己的观点。实际上，观点确立的过程就是对日常生活问题的审视、判断、思辨的过程，是学生借助指令命题烛照社会价值观的过程，也是学生审视自己人生观的过程。因此，"任务驱动型"写作通过真实的问题情境的设置，限定社会生活的命题，培养学生的社会责任感和公民意识。

2. 有利于培养学生积极健康的语言表达态度

"任务驱动型"写作所给的材料重在考核真实情境中学生的论述能力和语言表述能力。"任务驱动型"写作对语言交际态度的要求首先是要有针对性地言说。为了避免学生非理性地论述、牵强附会地联系，"任务驱动型"写作不仅明确写作范围，明确观点，而且要求观点的阐述要始终围绕给定的材料，以材料的内容与意义为基点阐发自己的观点，但不能跳出材料另起炉灶，避免天马行空的无边际的论述，要有针对性地表达方能取得好的效果。其次，要引导学生客观说理，针对对立的或者相关的态度，通过入情入理的分析确立自己的观点，同时也要关注对方的观点，使自己的论述更加严谨合理，要讨论而非辩驳，忌用激烈武断的言辞辩驳，要培养学生客观冷静的说理的态度，在理性交流中培养思维的深度。最后，要真实表达，"任务驱动型"写作设置了真实问题情境，力戒学生陷入文道合一的泥淖，揣测材料的用意，而附会主流意识，以泛泛的征引，做貌似深刻的虚伪的言说。

3. 有利于培养学生缜密的理性思维能力

理性思维的培养是当前教育的短板。就作文教学来说，文采斐然成了很多学生追求的写作终极目标。不善思辨、不善说理、认识肤浅、思想苍白成为中学生的通病。"任务驱动型"写作之所以限定任务，就是为了避免学生不做理性思考，无边际地阐发，或者就已有的学习经验牵强附会地联系套用。教师在引导作文教学时，要致力于培养学生具体问题具体分析的能力，砥砺学生真实的说理能力。教学要以真实情境的问题，引发真实交流，以小见大，从平实的事情中烛照社会问题。通过对有争议、有分歧的问题进行分析、思考、权衡与选择，引导学生关注和思考不同社会生活情境中的不同问题。从而，由简单粗糙的认知到理性深入的批判，达到培养学生的理性思维能力的目的。

（三）"任务驱动型"写作教学现状

1. 教学理念需要更新

事实上，大部分教师很少主动学习有关写作教学的先进理念，对课程标准中的关于写作的阐释部分学习不全面、不深入。这样教师对学习先进教育教学理念缺乏主动性，教学观念相对比较落后。由于缺乏学习先进教育教学理念的主动性，许多教师并没有将"任务驱动型"材料作文看成是一种交际写作，对"任务驱动型"材料作文的认识不全面、不深入。

2. 教学内容偏技巧的传授

教学目标是教学内容选择的重要依据，如果教师没有准确定位"任务驱动型"材料作文的教学目标，教学就会出现"偏轨"。在进行"任务驱动型"写作教学时，大部分教师主要传授给学生审题立意的方法和布局谋篇的技能。侧重训练学生议论文的写作，而不是针对"任务驱动型"材料作文的交际特点，教授学生根据读者和写作目的的需求采用相对应的应用文文体进行写作；忽视交际语境的作用，不注意写作策略性知识的传授。

3. 教学方式简单化

"任务驱动型"材料作文是一种以解决任务为主的交际写作，在教学方式方法上应该结合交际语境写作的特点，灵活使用各种教学方式方法，凸显学生主体地位，让学生在教学中学会交际，提高交际写作水平。在"任务驱动型"材料作文的教学上，教师选择的教学方法较为陈旧、单一，大部分的教学过程几乎都是由教师主导和控制，课堂上学生只是被动地学习和写作，几乎没有自主的权利。

4. 评价标准失当

在"任务驱动型"材料作文的评价中，多数教师更看重的是文章的审题立意、篇章结构、文体格式、语言表达等与文章本位式写作相关的内容，而与交际语境写作相关的写作目的、交际逻辑和情境语境却不被看重。作文评价内容单一，标准欠得当。第一，评价维度过于单一，既缺乏对学生交际能力的评价，也缺乏对学生思维过程的评价。这种评价标准特别关注写作技巧和文章技法，而对学生在写作中观点如何展开，逻辑如何组织，语言运用是否符合语境等则缺少相应的评价，是一种基于"文章制作"的静态评价。第二，各评价等级之间界定过于模糊，评价项目缺乏具体详细的说明。对"文体符合要求""文体基本符合要求"中的"符合"和"基本符合"的界定没有进一步的解释说明，评价中只依靠评价教师的主观感觉认定。第三，评价标准可操作性不强，功能单一。由于对评价项目缺乏具体详细的说明，评价标准可操作性不强，且功能单一，只能用来评价学生的写作表现，学生无法参照评价标准进行自我写作训练或者修改自己的作文，教师也无法以评价标准为指导进行写作教学。

5. 评价针对性不强

在进行写作教学评价时，教师主要采用的是讲评这种单一的写作评价方式，教师较少使用有学生参与的讲评方式，如学生互评、师生共评、学生自评等。我们知道，教师讲评的评价方式通常情况下只能针对大部分学生习作中出现的普遍问题进行讲评，缺乏针对性。这样，学生不知道自己作文的具体问题所在，很难通过教师的讲评对自己的作文进行针对性的修改。如果作文讲评过程中有学生的参与，那么学生会更清楚自己作文的得失所在，下次写作时也可能会有意识地借鉴别人的优点而规避自己的不足。有针对性的作文评价才是有效性的评价。

（四）"任务驱动型"写作教学策略

1. 引导学生深入理解材料，选择最佳写作角度

角度的选择范围不能离开材料的具体内容。所谓任务驱动材料，就是在材料的基础上，加了任务驱动的指令，明确写作的任务。如，2015年高考全国卷的作文题：

因父亲总是在高速路上开车时接电话,家人屡劝不改,女大学生小陈迫于无奈,更出于生命安全的考虑,通过微博私信向警方举报了自己的父亲;警方查实后,依法对老陈进行了教育和处罚,并将这起举报发在官方微博上。此事赢得众多网友点赞,也引发一些质疑,经媒体报道后,激起了更大范围、更多角度的讨论。

对于以上事情,你怎么看?请给小陈、老陈或其他相关方写一封信,表明你的态度,阐述你的看法。

要求综合材料内容及含意,选好角度,确定立意,完成写作任务。明确收信人,统一以"明华"为写信人,不得泄露个人信息。

材料中"对于以上事情,你怎么看?"这一要求就已经暗示写作时不能离开材料的内容范围。否则,就是脱离写作任务。角度的选择相对比较自由,自主空间大。角度选定后要"从一而终",不能中途易辙。

2. 辨明关键概念,树立正确的情感态度和价值观

"任务驱动型"作文材料内容一般会出现表明材料立场、观点、理由的关键概念。对概念的不同理解决定了学生的写作态度、分析动机。确定事情的性质,不能脱离其动机和结果。教师在指导学生写作时要告诉学生在文章中简洁清晰地表明观点态度。

3. 启发学生以点带面,深入分析问题

教学这类作文时要选取一点进行深化、细化,不能面面俱到。透过现象看本质,以小见大。作文中要能体现材料中隐含的文化价值、社会价值和思想价值,挖掘生活中的哲理,发现隐藏于其中的社会本质问题。教师可以就材料中隐含的社会难点和热点问题,通过对话方式组织学生关注和思考,最终提出解决这些问题的方法,同时注重培养学生辩证分析问题的能力。如《鸿门宴》中范增看出了沛公的野心,所以对项羽说:"沛公居山东时,贪于财货,好美姬。今入关,财物无所取,妇女无所幸,此其志不在小。"范增分析沛公时,由"财物无所取,妇女无所幸"及"志不在小",是全面的眼光;由"居山东时"及"今入关",是发展的眼光;由"行为之变"及"思想之变",是联系的眼光。范增不愧为谋臣,字字分析透彻,句句切中要害。我们培养学生的思维能力就应该教育学生具备创造智慧的能力。

4. 指向社会有广度,表达观点要控制尺度

"任务驱动型"材料作文虽说要就事论事,但不是不需要社会广度。"任务驱动型"材料作文往往检验学生的公共知识、逻辑和观念,避免学生对私

人领域过分关注。因此，平时教学中教师要善于引导学生立足生活，指向时代；立足个人，指向社会。在课堂上讨论材料中的问题时，表达观点要明确中肯，切不可偏激。任何一个材料，究其根源要么关乎人性善恶，要么关乎制度好坏。人性的不足与制度的缺陷并不是不可触碰的，但是正确的探讨态度应该是带着善意去分析、去呼吁、去引导、去解决，而不是发泄式地去批判。

5. 表达要有温度，做到情理兼备

"任务驱动型"材料作文看重学生的理性思维，但"理"并非冷冰冰，也可以暖融融。如李密的《陈情表》就是以情动人的典范之作。面对心狠手辣的司马炎，李密仅仅以情动人未免太过冒险，所以通篇处处都在讲理，把司马炎能强求他出仕的所有理由"堵死"，只是李密讲的"理"都披着"情"的外衣，不至于以一种"得理不饶人"的语气冒犯司马炎，所以才达到了目的。

（五）"任务驱动型"材料作文类型分析①

"任务驱动型"材料作文是源于材料作文，但又高于材料作文的一种新的命题形式。它所选材料具有价值取向多样性、思想观点主流性、所选内容真实性的特点。"任务驱动型"材料作文中的材料和要求，各有指向，要求不同。根据材料内容的区别和"任务指令"的指向，将"任务驱动型"材料作文分为表态说理型、感悟交流型、意见建议型、权衡选择型、讨论决定型等五种类型。

1. 表态说理型

这类作文强调时效性、针对性、准确性、说理性和思想性。需要结合材料本身进行比较分析，并要求准确精练地概括材料，提出关键概念，且在真实情境中辨析关键概念。材料给学生创造了一个较为真实的情境，因此学生在写作时是建立在具体情境中的，而且写作中的限制和束缚也更多。在教学时，教师更应引导学生注意科学分类、逐条展开。例如下面一则作文材料：

　　一部署名为罗伯特·加尔布雷特的侦探小说《杜鹃鸟的呼唤》面世后颇受好评。出版商表示，侦查员出身的作者退伍后从事安保行业，本书是其处女作。不过作者的新手身份因写法娴熟而被质疑。后经媒体多方调查证实，罗伯特·加尔布雷特是《哈利·波特》作者 J. K. 罗琳的新笔名。

　　被"揭穿"身份后，罗琳说希望这个秘密保持得更久一点，因为她隐瞒

① 刘利丽. 任务驱动型材料作文教学研究［D］. 南充：西华师范大学，2018.

身份后看到关于小说的真实评论时，感受到的欢乐更加纯粹。

针对以上情况，你有何看法？请综合材料内容，请从作者、出版商、媒体三者中选取一个角度，阐述你的思想与观点，并确定一个立意。

对于材料中提及的事件，材料本身没有任何情感态度倾向，没有明显的暗示。这就需要学生理清事件、思考事件的原因和影响。也就是如同要求说的在写作时"你有何看法"。教师在引导学生审题时，可以让学生从作者角度思考。材料中"罗琳说希望这个秘密保持得更久一点，因为她隐瞒身份后看到关于小说的真实评论时，感受到的欢乐更加纯粹"，作为一个闻名世界的作家，往往会被光环所笼罩，往往也很难听到读者对自己作品的真实批评。但罗琳有着清醒的意识，改名字就是想听到读者对自己作品的"真实评论"，并从中感受到快乐，这种气度和胸怀很值得当下的所谓"名人"们学习。因此，可以这样立意：做人，尤其是一位名人，对自己要有清醒的认识与更为诚实而宽阔的胸怀（气度）；事业（文学创作）上的创新比名声更重要。也可以从出版商角度把握题意。材料中相关的叙述是："出版商表示，侦查员出身的作者退伍后从事安保行业，本书是其处女作"，这既反映了出版商对作者署名权的尊重，也不排除这本身就是出版商的一个策划，并借机炒作。基于这样的角度，可以立意为：尊重作者的权利；不提倡借机炒作，甚至弄虚作假的作法。还可以从媒体角度立意。材料中提到"后经媒体多方调查证实，罗伯特·加尔布雷特是《哈利·波特》作者 J. K. 罗琳的新笔名"，媒体的这种行为应该被辩证地看待。可以立意为：追求事实真相的职业精神，值得赞扬；笔名也属于个人隐私，不应随便曝光。

2. 感悟交流型

这类作文大都明确要求结合自身的体验或感悟，阐述经验。在行文过程中，依然体现了思维辩证。经验是由实践得来的知识或者技能，交流什么样的经验必须在贴合题意的前提下做出选择，交流的经验也体现了考生立意高下，更体现了考生的人生观、价值观、世界观。

以下面的材料为例，谈感悟交流型作文材料的特点。

某网络女主播与朋友想骑共享单车出行，却无奈发现不少车被挂了私锁，无法使用。性格刚直的女主播表示不能向这种无赖行为妥协，一定要带头抵制这种行为。随即向附近的五金店老板借来电锯，在朋友的帮助下，不仅将自己需要的两辆车的锁剪掉，还将另外一辆车的私锁一并剪掉。女主播把这个过程拍成视频发到网上，受到众多网友的力挺，在短短的 20 分钟内有数万网友围观，收到的打赏超过 1 万元人民币。

阅读上面的材料后，对这一事件你有怎样的看法？请结合自己的感受和思考写一篇文章，要求任选角度，确定立意；明确文体，自拟标题；不要套作，不得抄袭。

通过对材料及指令的解读，可以提取一些有价值的信息，有利于准确把握材料含意。"性格刚直的女主播""无赖行为""短短的 20 分钟内有数万网友围观，收到的打赏超过 1 万元人民币"，这些语句都体现了命题者对女主播行为的赞赏之情。因此写作时可从为女主播行为点赞的角度展开，也可以从"共享"二字展开，围绕材料谈谈自己的见解，合情合理即可。教师在引导学生审题时可以从四个方面展开：第一，从抓关键句入手。有的材料为突出中心，有时会在材料中设置关键句（开头句、结尾句、反复出现的句子），抓住这些关键句，就能容易把握材料主旨，准确理解材料，正确立意。第二，从分析原因入手。任何事物的产生、变化和发展，都有其内在或外在的原因，因此，阅读分析材料的因果联系，从原因切入立意，是行之有效的方法。比如本题材料，考生可以从探究网络主播剪锁的原因入手立意。第三，从材料情感倾向入手。有的材料在叙述、说明或评论某个事物时，明显地流露出作者的情感倾向，这样我们可从材料的情感倾向入手来审题立意。"性格刚直的女主播""无赖行为""短短的 20 分钟内有数万网友围观，收到的打赏超过 1 万元人民币"，这些语句都体现了命题者对女主播行为的赞赏之情。第四，从辨明关系入手。任何事物都是相互联系的。事物间的关系主要有依存关系（如"学与问"）、主次关系（如"奉献与索取"）、取舍关系（如"自卑与自强"）和条件关系（如"继承与创新"）等。辨明这些关系，有利于立意构思作文。同时，任务指令要求"结合自己的感受和思考"写作，也就是写作中的事例必须是自己亲身体验过的。

3. 意见建议型

这类作文有明确的写作目的，有特定的写作对象，有对材料涉及对象的隐形性比较，甚至有时会指定写作文体。写作时，要求学生对某种社会现象做出直接的判断和选择，要么支持要么反对，并提出意见和建议。行文中的"意见建议"也不能直接从材料中提取，必须梳理整个事件的起因、经过、结果，从中对比权衡后再提出合理的意见建议。

用这样一则材料阐释意见建议型材料作文的特点。

高三毕业后的暑假，小明打算约几个朋友一起出去旅游。可是在商量去哪里的时候，几个人发生了分歧，有的想去国外感受异国情调，有的想去繁华都市领略都市风采，有的想去风光秀丽的自然圣地呼吸新鲜的空气，还有的想去有深厚文化积淀的历史名城访古探幽，大家争论不下，求教于阅历广泛、游历天下的小王，希望他能给出好的建议。

如果你是小王，你会给出怎样的建议？为什么？请写一篇文章阐述你的看法。要求：明确建议，选好角度，自拟标题，使用恰当的措辞，有理有据，不要套作，不得抄袭。

首先要引导学生概括材料内容。一是面对小明和几个朋友高三毕业暑假旅游在地点上的分歧，你的建议是什么？二是要有问题的意识，即具体明确地给出建议的去处。三是要扮演好自己的角色，考虑到小明等人的身份与出行时间，在行文中要体现出建议的意思，不能仅仅是自我态度的呈现，观点的展示，而缺少建议的成分。四是要结合具体的景点阐述建议的理由，这是文章的主体部分。

综合对材料的解读，我们可以归纳出小王的建议和理由：

第一处：异国情调。别样的生活、别样的文化、别样的习俗，开阔眼界；国际化的视野；尊重包容不同文化；增强国家认同；增进交流，相互理解，彼此尊重，相互学习，借鉴吸收。

第二处：繁华都市。倾听时代的脉搏，感受现实的喧嚣；关注社会，丰富阅历；体会真实的生活：充满竞争与压力、心酸与血泪、奋斗与拼搏、荣耀与失败等；感受改革开放以来国家的发展变化、繁荣进步，可以从基础设施、文化品位、公共服务、环境卫生、市容市貌、科技发展、法治建设以及城市的包容度、开放度、文明程度、创新性、竞争力，市民的幸福感、归属感等说起。

第三处：自然圣地。呼吸新鲜空气，领略秀丽美景；自然是烦冗世俗的避风港，感受自然是休闲放松、愉悦身心的最好方式；自然能安抚狂热而躁动的心，让我们暂且摆脱世俗，回归本心；自然美景能给予人无尽的宝藏，让精神丰润起来；自然不仅是这个世界原色的缔造者，还是数以万计生灵的栖息地，更是人类灵魂的皈依之所；自然的清新、安静、舒爽、自由、真实……

第四处：历史名城。古城是纽带，连接着过去和未来；游历古城，就是为了铭记历史，传承文化；历史名城有着厚重的文化沉淀，华丽而不造作，优雅而不显媚态，古韵承载在人们的平凡生活中，历久弥新。历史古城经受过岁月的雕刻，时间的淘洗，斑驳的城墙上刻满的是历史与文化，是传承与悠远；可以倾听历史的心跳，可以感受人事的变迁；可以增长见识，开阔眼界；可以修身养性，鉴古知今；可以感受古意盎然，可以遥想时代兴替；还可以怀想悲欢离合，增强民族自信、文化自信，以及对民族和文化的认同。

4. 权衡选择型

权衡选择型材料作文，就是命题者给出有争议、有分歧的材料，让学生结合自身的体验进行研究探讨，通过权衡、比较，然后进行选择，最终得出观点并写出一篇作文。这类材料写作对学生的辨析能力要求很高，要求学生直面材料中的问题或者现象，展开直接分析与讨论，即对材料中两种或以上的可能立场进行原因比较、利弊分析。学生在比较分析的过程中，要显示出大气度、广胸怀、高境界，而且能够将观点由大变小，提出能切实解决问题并具有可行性的措施。

以下面一则材料为主分析权衡选择型材料作文的立意。

一位贫困的残疾老人承包荒山种植经济林。十五年后，满山的树成材了。为了卖个好价钱，老人找当地媒体帮忙宣传，没想到他被媒体宣传成义务植树、改造环境的好人。接着，各地媒体纷纷报道他的事迹，无数人被他的奉献精神所感动，有人还给他寄来钱物，政府部门也送来生活补助。村干部提醒他，树不能卖了，否则他的形象就毁了。卖，可以让他脱贫，更好地生活；不卖，可以保住自己意外获得的好名声，还可以为环保作贡献。

对上述事情你怎么看？请综合材料内容及含意作文，体现你的思考、权衡与选择。要求选好角度，确定立意，明确文体，自拟标题；不要套作，不得抄袭。

本材料是关于脱贫与环保的话题，是国家发展的中心话题，与本材料有关的知识点有三：一是经济林与生态林的区别，本材料中老人种的是用材型经济林，种树的目的就是砍树卖钱，二是用材型经济林在成长期也有环保作用，三是种植生态林能很好地解决脱贫与环保的矛盾。引导学生理解材料时可以从赞同老人卖树的角度把握材料的含意：老人不应该被虚名所累，应该大胆说出自己种树的目的，然后将树卖个好价钱，让自己一家过上好一点的日子。残疾老人自身难保，不应该被动揽上改造环境的重任，媒体更不宜故意将老人打造成"道德圣人"。老人种树卖树，是无可厚非的，相信真相大白之后，社会会理解他的行为。残疾人自力更生，努力脱贫，是比改造环境更迫切，也更具人性的事情。也可以从反对老人卖树的角度分析：老人的行为可谓一举两得，他既获得了好名声，也为环保作了一份贡献，因此不能做既毁林又毁美誉的事情。大众对老人"义务植树"的行为是敬佩的，说明人心向善，人性向美，老人何不成全人们的美好期待呢？老人现在已经受到关注，好心人寄来钱，政府送来生活补助，相信老人即使不卖树，日子也不会比以前差。如果卖掉了树，就会让所有关心环保和热心公益的人士伤心失望，这是对社会向善之心的打击。

5. 讨论决定型

这类作文具有思维驱动或者思维任务，关键是抓好比较点，要求学生多维度比较说理论证。最鲜明的特点是写作任务是一个带有争议性的问题，可能有多个结果，让学生通过协商或讨论选择一种结果，并进行充分论述。例如，2015 年全国卷的作文：

当代风采人物评选活动已产生最后三名候选人：大李，笃学敏思，矢志创新，为破解生命科学之谜作出重大贡献，率领团队一举跻身国际学术最前沿。老王，爱岗敬业，练就一手绝活，变普通技术为完美艺术，走出一条从职高生到焊接大师的"大国工匠"之路。小刘，酷爱摄影，跋山涉水捕捉世间美景，他的博客赢得网友一片赞叹："你带我们品味大千世界"，"你帮我们留住美丽乡愁"。

这三人中，你认为谁更具风采？请综合材料内容及含意作文，体现你的思考、权衡与选择。

"综合材料"就是从材料全文出发，总结材料中三个人物的共同点。通过分析材料发现，文中的三个人物都有立志、热爱、坚持、服务人民、贡献社会等珍贵品格和精神，都体现了当前创新、务实、奉献的社会主题和核心价值观。只是相比较而言，大李和老王的成功是当前人们所追逐的，小刘的成功是时下社会所忽略的，但是小刘的成功更值得鼓励。社会需要大李，需要老王，更需要小刘。社会本应该精彩纷呈，人生亦是。谁优谁劣很难评出，只能在综合评述的基础上"思考""权衡"，说明你认为哪种精神是年轻人所需的，是时代所需的，并说出你的理由。最后点明你的论点，围绕所选角度，展开叙述或者论述。在行文时，注意卷面的整洁，无错别字无病句。最好再添加一些新鲜生动、富有文化底蕴的素材，有理有据，旁征博引，力求文章行云流水。

"任务驱动型"材料作文的五种类型，都是在已有真题或模拟题的基础上，根据材料内容和"任务指令"的指向划分的。用于出题的材料，皆来自现实生活，都是已经发生的备受关注的事件或者现象；都能最大限度地体现学生的人生观、价值观和世界观；都能展现学生的辩证思维和逻辑推理能力。

"任务驱动型"材料作文中的表态说理型、感悟交流型、意见建议型作文，有一定的相似性，都要求学生在写作中表明自己的态度。但是表态说理型要求学生依据材料内容，提出主概念，然后将主概念带入情境中，在设定情境中辨析。感悟交流型，要求结合自身经验或感悟进行论证阐述。意见建议型则要求对具体事件有明确的判断和选择，提出自己的意见或者建议。"任务驱动型"材料作文中的权衡选择型、讨论决定型作文，材料中都含有两种或者两种以上的矛盾观点，且每个点都有成立的依据，均要求学生作文时，做到权衡比较。但是，权衡选择型作文要求学生在权衡选择之后，能提出切实可行的解决实际问题的办法。讨论决定型作文，要求学生在充分权衡、多维度比较后，择一论述，不可兼得。

（六）"问题对话"式"任务驱动型"材料作文审题指导

根据"任务驱动型"材料作文的特点，针对当前教学现状，笔者认为"任务驱动型"材料作文教学如果抓住材料的实质，采用"问题对话"式教学方式，能引导学生快速审题立意，取得较好的写作效果。

一般来说，根据材料数量，"任务驱动型"材料可以分为单则材料和多则材料。下面是笔者所开展的教学实践活动。

案例一：单则材料审题

1. 写作任务

阅读下面的材料，根据要求写作。

如今的城市交通中，存在着机动车闯红灯、不走机动车道等违章行为，行人也存在着不走斑马线、随意横穿马路、闯红灯、对交通警示牌视而不见等行为。

有人说：在新加坡随地吐痰，可能被处以最高500新元（约合2 300元人民币）的罚款或在劳动法令下受罚或两者兼施；乱扔垃圾，有可能被处以最高1 000新元（约合4 600元人民币）的罚款或是在劳动法令下受罚或两者兼施，所以该国公民守法意识很强。

也有人列举了某城市中的普遍现象：机动车主动停车避让斑马线上的行

人，并对此加以评论："不是说我们的交通怎么不好，相比于过去，我们的交通状况已经有了较大的改观。今后也许行人、司机都懂得遵守规则了，城市交通安全就不再是问题了。"

以上两种说法，你更赞同哪种？

要求：选好角度，确定立意，明确文体（不要以诗歌形式写作），自拟标题，不要脱离材料内容及含意，不得套作，不得抄袭。

2. 设计依据

这则材料属于交换意见式写作材料，即写作任务是一个具有可讨论性的话题，让学生充分交换意见，不必达成一致。这类材料往往提供一个争议性大，具有真实性、对立性、现场感和层级发展的叙述性事件，带有鲜明的驱动任务。材料后面的写作要求，一般带"谁""怎么"等疑问词，如本则材料中"以上两种说法，你更赞同哪种"。材料还明确给定了写作内容及较有限的写作角度，明确了作文的范围，指向"材料的内容及含意"，学生写作时不能离开此项要求，否则属离题。

材料中首先提到了如今城市交通中的不文明现象，然后呈现了两种观点。题目的任务是"你更赞同哪种"，这个"更"字说明要将两种观点进行比较分析。由于两种观点都以解决交通不文明问题为目的，学生选择的观点必须要能为解决这个问题提供方案。选择了观点以后，还要说明"赞同"这个观点的理由，论证基础在于观点对于解决问题是否有效。材料中的两种观点中，第一种观点说到新加坡的严格法规，认为公民意识的提高必须通过严格的执法来实现；第二种观点是看到了已经出现的令人可喜的进步，由此认为公民意识在公民自发的进步中会有所提升。

3. 审题过程

第一步：明确审题的要素。"任务驱动型"材料作文的审题，要关键抓住几个要素：情境的创设，任务的布置，写作任务的关键词，事件的焦点。情境的创设就是围绕着某个事件或现象而引发的思考。任务的布置往往要求对事件或现象表明态度看法，对材料中的某个对象给出意见、建议。写作任务的关键词是任务要求的词语，对人物行为进行评价的词语，事件或现象中有争议、有分歧的问题。

第二步：主要抓住问题。让学生明白材料提出什么问题、有什么关键词。组织学生围绕问题和关键词，结合材料，审题立意，归纳观点。

第三步：找出提出问题的角度。包括对对象行为的性质作评价、对对象行为的产生原因作评价、对对象行为的影响作评价等。

就本则材料而言，可以从两个方面引导学生审题立意。一个方面就是从法律法规可立竿见影地解决问题这个角度分析。纵观历史，对于一些涉及民生民权的重要问题，只有用严格的法律制度才能迅速解决，立竿见影。写作时可以引导学生联系实际，如：

针对频频发生的酒驾交通事故，2013 年 1 月 1 日起执行的《机动车驾驶证申领和使用规定》加大了酒驾处罚力度。"禁酒令"颁布后，喝酒时有了"喝酒不开车，开车不喝酒"的"劝不喝酒词"，应运而生的新职业——代驾也成了喝酒者的首选。正因如此，酒驾交通事故发生率大大下降，人们的安全驾驶意识也得以提高。所以，严格的法律法规对于亟待解决的问题有立竿见影的效果。

另一个方面通过潜移默化，从根本上提升公民意识这个角度立意。我们不否认法律法规能迅速解决棘手的问题，然而要想从根本上提升公民意识，还是需要潜移默化的影响。当然，这类影响必须依靠教育的力量和媒体的力量，当正气屹立于世间，不良行为犹如过街老鼠人人喊打的时候，很多问题便能迎刃而解。旅游文明的问题总令人关注，每到节假日，媒体都会曝光不文明的旅游行为，家庭和学校也积极配合宣传。教育的力量是强大的，以天下之至柔驰骋天下之至坚，唯有融教育于其中，才能让民众真正认识到国家和民族的核心精神，提高公民意识。

4. 教学意义

利用"问题对话"式开展"任务驱动型"单则材料的审题立意教学活动，第一，培养学生解读材料的能力。即教会学生理解作文材料，使之能够取材料中的核心概念且合理分类，并能用自己的话进行准确表达。第二，培养学生分析问题的能力。即教会学生将作文材料中的复杂问题进行分解，能够明辨主次；能够识别论证，对各方观点的优劣进行权衡比较，理性分析以明确自己的观点。第三，培养学生推理问题的能力。即运用先进的搜索方法，从海量信息中选取与写作相关的信息，并能评估信息优劣，以寻找能够得出合理结论需要的论据，从而避免因个人知识水平、价值观等导致的偏见；构建合理的推测和假设，利用归纳推理、演绎推理等方式证明自己的观点。第四，培养学生评价问题的能力。即能够识别论证的可信度，避免论证谬误；衡量论证的质量，权衡用何种论证方式更为妥当。第五，培养学生解释问题能力。即根据自己推理得出的结论进行总结性陈述；在落实写作的过程中，能以有说服力的论证形式进行论述；注意理性、客观的表达，并注意用语的规范。第六，培养学生自我监控的能力。即综合运用批判性思维，对已完成作文的论证进行反思、修正；结合语法、修辞知识，对作文的语言进行打磨、润色。

案例二：多则材料审题

1. 写作任务

阅读下面的材料，根据要求写作。

①政之所兴在顺民心，政之所废在逆民心。(《管子·牧民》)

②事者，生于虑，成于务，失于傲。(《管子·乘马》)

③治世不一道，便国不法古。(《商君书》)

④善学者尽其理，善行者究其难。(《荀子》)

⑤历览前贤国与家，成由勤俭败由奢。(李商隐《咏史》)

⑥苟利国家生死以，岂因祸福避趋之。(林则徐)

⑦什么是路？就是从没路的地方践踏出来的，从只有荆棘的地方开辟出来的。(鲁迅《生命的路》)

中国文化博大精深，无数名句化育后世。读了上面七个句子，你有怎样的感触与思考？请以其中两三句为基础确定立意，并合理引用，写一篇文章。要求自选角度，明确文体，自拟标题；不要套作，不得抄袭；不少于800字。

2. 设计依据

这是一道典型的"任务驱动型"材料作文，题目设计情境化，材料既切中热点又贴近学生实际。材料给学生创造出情境，展现并列性问题，并提出指令性任务，让学生根据材料的内容及含意，提出解决问题的方法，表达自己的见解。内容异中求同，既让学生有话可说，又能够考察学生辩证分析说理的能力以及解决问题的交际能力，同时引导学生关注社会生活。

3. 审题过程

第一步：审任务，明要求。

（1）对象指令，指令具体问题。引导学生发现材料中所指问题，例如"写作任务"中说，"读了上面七个句子""以其中两三句为基础确定立意，并合理引用"。以问题为导向，引发学生思考。

（2）内容指令，明确指令要求。如材料中"中国文化博大精深，无数名句化育后世"是提炼的总结句，在准确理解七个句子意思的基础上运用"异中求同"的归纳思维整合名句确定立意，并还要注意"合理引用"这个内容要求。

（3）思维指令，指出问题的焦点。思维指令是写作的着力点，如材料中的"你有怎样的感触与思考？"学生明确了问题的焦点，在写作中论述观点就有了针对性。

（4）体式指令，明确文体。材料中的"你有怎样的感触"提示学生可以写成记叙文、散文；"思考"提示学生可以写成议论文。

第二步：审材料，理观点，析联系。

名句①释义：政权之所以能兴盛，在于顺应民心；政权之所以废弛，则因为违逆民心。强调民心的重要性。

名句②释义：这句话用简洁朴素的语言系统阐述了谋事创业的诀窍：做成一件事，往往产生于周密考虑，成功于实践探索，失败于骄傲自满。强调提前谋划，实干，不能骄傲，要谦虚。

名句③释义：治理国家不一定用一种办法，只要对国家有利，就不必效法古代，或治国并不是只有一条道路，只要有利于国家，就不一定非要拘泥于古法旧制。这是意在强调要敢于改革。

名句④释义：善于学习的人能透彻地认识事物的道理；善于实践的人能把事物中的疑难探究清楚。强调善于学习，善于实践。

名句⑤释义：纵览历史，政权成功源于勤俭，衰败起于奢华，揭示一切政权成败的关键。强调勤俭治国，艰苦奋斗。

名句⑥释义：只要对国家有利，即使牺牲自己生命也心甘情愿，绝不会因为自己可能受到祸害而躲开。强调爱国，为国奉献。

名句⑦释义：强调敢于探索创新。

第三步：找到立意点，权衡选择最佳立意。

教学时指导学生运用性质分析、因果分析、多向分析、比较分析、辩证分析等方法对立意进行思考，权衡选择找到最佳立意。如，③⑦组合立意：谈改革与创新是社会发展的持久动力。⑥⑦组合立意：谈为国为民，个人应不避祸福，勇辟前路。①⑥组合立意：谈国以爱民为本，民以爱国为根的关系。民爱国，为国奉献；国爱民，民顺心。①⑤组合立意：谈勤俭、爱民是兴国之根本。①③组合立意：谈改革兴国，民为根本。②③④组合立意：改革创新，重在实干。②④⑤组合立意：勤俭治国，实干兴邦。

4. 教学意义

整个审题教学环节以问题的方式激起学生写作热情，并通过问题，为学生提供写作需要的支架。以对话为方式，让学生在自主、合作、探究中体验学习的快乐。学生在这个过程中不仅树立了主体意识，增强了学习兴趣，而且通过评价更了解自己的学习掌握情况，知道自己的优点和不足，更清楚自己在以后应该加强哪方面的学习，真正实现"问题对话"式教学的价值。

（七）"问题对话"式"任务驱动型"材料写作展评

为从实践层面进一步诠释"任务驱动型"材料作文特点，下面摘录具体写作例文加以说明。

1. 写作任务（题目）

某市晚报"青年调查"栏目针对该市中学生理想信念现状展开调查，结果显示：被问及"对未来的想法如何"时，27%的同学对未来的目标"很明确"，53%的同学"比较模糊"，还有20%的同学"十分渺茫"，但他们都表示可能会把理想定位于未来的事业，用所学知识回馈社会。被问及"确立了理想后，你会怎样做？"这一问题时，有45%的同学选择"十分努力去实现"，41.4%的同学表明会"比较努力"，还有13.6%的同学说"无所谓，随他去吧"。

请结合材料内容，以"坚定理想信念，争做时代新人"为主题，给该栏目写一篇致中学生的倡议书，阐述你的观点与思考，并提出希望与建议。

要求：自拟标题，自选角度，确定立意；不要套作，不得抄袭；不得泄露个人信息；不少于800字。

2. 优秀例文

让理想之花开遍时代的原野

同学们：

大家好！

近日，一份关于青年理想信念的调查引发热议，虽然大部分同学选择付出努力去实现理想，但少有同学对理想信念较为了然于心。正如理论之于实践，理想信念是奋斗进程中的指路明灯。若无理想信念，我们将不可避免地走一些冤枉路。对此，我们不禁疑惑：作为时代新人的我们怎么了？

抑或是多元的文化浪潮让我们迷失，抑或是家庭的考量让我们犹豫。究其根本，是心中价值取向的迷惘，亦是对未来不确定性的畏惧，让我们本应盛开的理想之花渐显凋零。但放眼时代的原野，家庭与社会的教育价值多元重塑。

而内心迷惘的我们，又如何在纷繁的外部环境中，找到自己人生的立足点？作为被社会建构着的我们是如此，社会则亦是如此：信仰缺失了，"丧文化"便生根发芽，和谐有序的社会环境杂草丛生；理想沦亡了，"混文化"就大行其道，行稳致远的发展道路平添阻碍。

但批判终究只是通向正义感的捷径，时代的责任绝不容许我们一味道德飙车。伟人不因为他们出身的伟大而伟大，而是在实现理想信念的过程中彰显着他们的伟大。而平凡的我们坚定了理想信念，也终将聚沙成塔，汇聚起一股推动历史进程的力量。求学东瀛，是周总理的"不酬蹈海亦英雄"；雪线送邮，是其美多吉对理想的默默守护。

无数平凡的人种下无数坚定的理想之花，时代的原野一片葳蕤，在此，我呼吁同学们，坚定理想信念，做出切实行动，争当时代弄潮儿。

由内而外，寻找个体价值，不盲从，做自己。狂飙突进的时代，意见冲突早已是家常便饭。理想的分歧本身没有错，但正如王元化先生所指出，"浪潮之坏在于抹杀不同的意见"。在鱼龙混杂的舆论环境下，留一颗纯净的心，寻找自己的价值存在，方能将人生的道路越走越直，更能避免信息化产物的影响。西谚有云："有信仰，才有希望。"不正是如此吗？

"为者长成，行者长至"，诚哉斯言。正如写作业不能只动脑不动笔，实现理想要拼搏，要奋斗，是我们都知道的普世道理。不积跬步，无论如何都无法致千里，在实现理想的道路上，唯有坚持，才不会"心中满当当，两手空荡荡"。国家领导人曾言："青年的理想，是同时代的发展相联系的。"个人理想的实现伴随着社会的安定、国家的强盛，而国家的强盛又促使我们向更高的理想奋进。让个人的理想与社会进步、国家发展相融合，让个人、社会、国家一同前进。

同学们，让我们在心中种下一颗理想的种子，看心灵的原野繁花似锦。在时代的原野种下一颗种子，我们心灵的原野更加生机勃勃。种下的种子，即便终不能成长为参天大树，也能开出一朵鲜花，留人余香。

倡议人：一名高三学生

评析：

作者准确把握任务要求（倡议书），在高度概括材料调查报告数据的基础上，提取出两个问题的要义，围绕核心话题"理想信念之于时代青年"展开倡议。基于现实的写作关照，写作者对青年所处的时代特征进行了明确具体的推因探讨（多元化、信息化、现实利益考量等），并就此引申出对青年的不良影响（迷失、犹豫、迷惘、"丧文化"、"混文化"等）。文章铺垫到位，倡议水到渠成：青年由内而外，笃定理想信念，做自己；青年需要反躬自省，并践行于生活实践，将个体与社会、国家融合起来，才能走宽走直人生路，争做弄潮儿，担当时代大任。文章优胜之处在于，析因深刻，挖掘内涵，问题与结论紧密相连，紧扣时代特色。全文思路清晰，内蕴丰富，语言理性有力，能够通过倡议，引发学生深层次的思考，并结合自身情况，感触体悟，有所行动，真正达成倡议呼吁的效果。

第八章　梳理与探究教学活动

千人之诺诺，不如一士之谔谔。

——司马迁

在《普通高中语文课程标准（2017 年版）》中首次把"梳理与探究"作为学习任务群单独列出。在其他任务群中也频繁提及梳理与探究是语文学习的重要活动和方式。显然，梳理与探究、阅读与鉴赏及表达与交流是并驾齐驱的，具有同等重要的地位。梳理类侧重于语言知识，主要培养学生积累、筛选信息的能力；探究类重在文学和文化知识，主要培养学生的自主学习能力和创新品质。有研究者把探究类又分为鉴赏评价类、活动探究类。梳理与探究活动一方面是对语言、文学、文化等方面的内容加以梳理、巩固、整合，增强学生语言文字运用的敏感性，提高学生的探究能力、发现能力，并感受语言文字的独特魅力；另一方面通过开展专题研究活动，通过自主思考、合作探究，培养学生的创新精神和实践能力。

一、"问题对话"式梳理与探究教学价值

新修订的高中语文课程标准"梳理与探究"板块设计了语言、文学、文化方面的内容，对补充、延伸、落实新课标的培养目标有着独特作用。不仅对新教材有着编撰价值，而且在日常教学、考试评价等方面也有着导向作用。

1. 培养学生识记知识和归纳知识的能力

在梳理教学活动中，树立问题意识，学生通过感知、思维、体验和操作等活动加强语言积累，掌握语言文字运用规律。在积累的基础上组织学生开展探究性专题对话活动，让学生进一步巩固和加深已有语言知识，体会汉字、汉语、文化的关系及民族特性，从而培育崇尚祖国语言文字的情感。如学生在日常学习中对常见的修辞手法有所接触，但都是碎片化的知识，缺乏系统性。高中阶段修辞手法在阅读鉴赏、表达交流等活动中应用广泛。因此，在"修辞无处不在"专题活动中，教师需要对修辞类型、特点等深入整合、巩固加深，

探究其效果和作用，提高学生运用修辞的能力。

2. 培养学生的逻辑思维和实践应用能力

王力先生说："逻辑是关于思维的形式和规律的科学。"语言应用准确、连贯、得体、形象生动，除有厚实的语感积累之外，还要有科学的语言推理逻辑方法。学生掌握了分析问题、解决问题的语言能力，实际应用能力和水平就提高了。如在"逻辑与语文学习"专题活动中，要求学生推断和补写句子。补写就是提出问题，推断涉及分析问题，即教学中引导学生根据前后语境，综合调动语言、文学、文化等方面的知识，完成句子的填充。又如"交际中的语言运用"要求表达注意场合，引导学生探究语言得体的规律。这些活动都旨在培养学生分析问题和解决问题的能力。

3. 培养学生自主合作和创新能力

自主、合作、探究是新课标倡导的学习方式，也是"问题对话"式教学的实质所在。学生创新能力的培养依靠这些学习方式。梳理探究专题有利于自主、合作、探究活动的开展，最能培养学生的创新精神。在"文学作品的个性化解读"专题中，教师可以在讨论作品的基本问题的基础上设置延伸问题组织学生探究。事实上，语文教材里的许多作品在主题、人物、内容上没有定论。"一千个读者有一千个哈姆雷特"，这足以说明具有丰富内涵的优秀文学作品是可以从多角度、多层面解读的。特别值得注意的是，文学作品的教学是对原著的一次再创造。因此，在组织探究活动时，一定要讲究方法，引导学生对作品的主题、人物、内容等方面作多样性的解读。只有这样，才能够既探索作品的精髓，又拓展学生的创新思维。

二、"问题对话"式梳理型专题教学策略

《普通高中语文课程标准（2017 年版)》在"语言积累、梳理与探究"任务群中提示，积累、梳理要有系统，有计划，并有步骤地、持续地进行。这一教学提示对梳理型教学提出了明确的建议。因此，梳理型专题教学策略要依据教学内容，注重教学方法。

1. 整体规划，因材施教

语文学科关联"语言""文学"两个方面，内容庞杂、琐碎，既有侧重又互相关联。教师在组织学生梳理时，师生都要坚持问题导向，对已有知识做到心中有数，对熟知程度做到了然于心，正确处理、把握好梳理的"已知"和"未知"的关系。按照课程目标内容要求、教学建议对语言知识、文学知识分学段、分课程模块进行规划。在规划过程中，坚持因材施教，既要考虑全体，

又要照顾个体差异；既要全盘掌控，又要局部推敲。抓住学生的兴趣点，充分创设教学情境，制订教学计划。

2. 分类实施，建构知识

"梳理与探究"板块贯穿必修、选择性必修两个阶段。该板块由三部分组成，即导语、主题、课外延伸部分。我们通常认为，梳理型专题主要包括现代汉语言知识、古代汉语言知识，具体涵盖字、词、句、文化常识等。在教学时可以按照语言的"种"和"属"分类指导，梳理构建知识体系。下面是人教版关于积累梳理类板块的分类表：

表 8 - 1　积累梳理类板块对应知识点

板块名称	对应知识点
优美的汉字	历史文化知识、书法知识、文艺学知识、典故轶事
奇妙的对联	对联常识、书法知识、历史知识
成语：中华文化的微缩景观	科学艺术、人文景观、民间风俗、天文地理、政治军事知识
修辞无处不在	语法、修辞、诗词赏析知识
交际中的语言运用	字号、谦称、敬称
文言词语和句式	语法、文学、历史知识等
古代文化常识	食宿、待客、祭祀、置官等知识

3. 逐步推进，整合提升

梳理积累的内容比较多，有些板块的知识性非常强，识记量大，因此给教学带来一定的难度。在教学中，教师要遵循学生的认知规律，可以变学习任务为提出问题，组织学生合作讨论，变被动学习为主动学习。教师在设置问题时要由浅入深，层层推进，最后达到整合贯通、提高积累素养的目的。如在学习"成语：中华文化的缩微景观"时，教师可以先通过讲故事的方式，让学生了解、积累成语，然后制定整合标准，组织学生按照成语的渊源、结构、字数等整合提升，理解成语的含义，最终达到正确使用成语的目的。

三、"问题对话"式探究型专题教学策略

唐代元行冲在《释疑论》中说："康成于窜伏之中，理纷挐之典，志存探究，靡所咨谋。""探究"顾名思义就是探索研究之义。语文探究型专题教学活动主要指对文化、文学方面知识、现象的探究。这类探究活动能力层级要求比较

高，最具挑战性。开展探究性学习时，可以根据具体的专题内容实施探究策略。

表 8-2　探究类板块对应探究问题

板块名称		探究问题
文学鉴赏类	文学作品的个性化解读	对文学名著主题新的发现加以探究
	走进文学大师	探究流行作品与经典作品的不同；探究文学大师不同风格的原因
活动探究类	新词新语与流行文化	新词新语反映的社会现象；探索产生新词新语的途径；流行新词新语反映的文化现象
	姓氏源流与寻根文化	探究生活中名和姓的关系；探究古今民族矛盾的原因
	逻辑与语文学习	探究语文是如何运用逻辑知识的
	影视文化	影视作品与文学作品之间的联系和区别
	有趣的语言翻译	探究翻译如何忠实反映原著的内涵

1. 科学设计探究问题，注重过程设计

探究从问题开始。结合探究类板块内容，巧妙设计探究问题，重视知识的形成过程，及时剖析探究的规范过程，挖掘其中的探究要素，潜移默化地引导学生开展探究活动，使学生在探究的过程中掌握探究的基本方法。如在"影视文化"专题学习中，教师可以设计这样的问题："'清宫戏'很流行，请同学们探讨'清宫戏'热播的现象。"教师提出问题后，鼓励学生主动搜集相关的影视资料，了解其特点，然后分析其流行的原因。

2. 创设探究的情境，注重全体参与

教师创设科学探究的情境，让学生发现并提出问题。没有问题就没有探究，问题的提出源于仔细的观察，可以是学生课外随意的观察，也可以是对教师提供的背景材料的观察。教师提供的背景材料常常具有指向性和探究的可能性，如果能激起学生的认知心理冲突，更能诱发学生发现问题并提出问题，激发求知欲，增强学习动机。教师精心设计教学程序，可以让学生全体参与到探究过程中来。学生作为探究过程的主体，其主体性贯穿于发现并提出问题、分析问题、解决问题的全过程；体现在主动参与的全过程。如在学习"走近文学大师——苏轼"专题时，教师可以剪辑"苏东坡在黄州"的视频资料，组织全体学生根据视频资料画出苏轼被贬的"路线图"，从而探究苏轼脱去文人长袍后的复杂心理和被贬期间的创作风格。

3. 精心构思，提升思维品质

在探究性学习过程中培养学生的思维品质是很重要的。教师引导探究过程时，应针对探究的每一过程，对学生思维品质的不同层面进行针对性培养。因此，教师要重视"发现问题"环节，突出思维的敏锐性。发现问题的能力与个人知识积淀有关，更取决于思维的敏锐性。为提高学生思维的敏锐性，教师除创设引入探究时的问题情境外，还可以利用探究过程中出现的意外现象进行原因分析和反复讨论，或利用课文中涉及的内容，不失时机地补充一些板块外的知识，使学生的思维敏锐性得到培养。如在学习"走近文学大师——苏轼"时，教师可以提供文学大师的人物传记资料，以便涵咏文学经典的精华，探讨文学作品的思想意蕴及大师的人格魅力。

四、梳理与探究类专题案例评析

（一）梳理类专题案例评析

案例一：优美的汉字：民族的根

教学目标：

1. 学习并掌握汉字的由来，能分析好汉字的结构。

2. 学生搜集掌握一些汉字"六书"代表字。

3. 从整体上了解汉字，了解汉字所承载的文化底蕴，增强民族自豪感。

教学重点：对于汉字"六书"结构的掌握，能较好地分析汉字本义，加深知识的巩固。

教学安排：一课时。

教学准备：

1. 课前学生通过字典或电脑等搜集汉字的起源、形体、构成、文化等资料，并准备小组交流发言。

2. 课前学生思考"汉字的文化"的内涵，积累感受。

教学方法："问题对话"式。

教学过程：

一、情境导入

播放解晓东歌曲《中国娃》导入课题。

师：这首歌唱出了汉字的什么特点？

生：汉字声音好听，字形端庄、典雅，含意丰富。

师：字正腔圆、抑扬顿挫是它的"音美"；横平竖直、端正大方是它的

"形美"；以形出义、意蕴深刻是它的"义美"。每个民族都有自己的文字，每个民族的文字都有其自身的特点。而汉字是世界上最古老、最具特色、最有魅力的文字之一。汉字的历史究竟可以上溯到什么时代？汉字从古到今发生过哪些重要变化？它在传承古代文明、创造中国历史中起着何等重要的作用？这应是每一个中国人、每一个关心中国文化史的人都很感兴趣的问题。今天就让我们一起走近汉字，领略其精妙，感受它的优美。

二、引导学生了解汉字的来源

1. 原始记事方法

师：同学们想一想，如果我们身处汉字还未产生的远古时代，你想要记事，你会采用什么办法？

生：想不出来。

生：我看过一个资料，说用实物的形状来记录。

师：下面，请同学们仔细观察下面三幅图画（出示三幅图画），讨论古人记事的办法。

（生讨论。）

师：刚才，同学们经过讨论，说出了古人记事的方法，但还不够全面，下面我们一起来总结一下：

（1）结绳记事说。这是原始记事的一种方法。人类在没有发明文字或文字使用尚不普遍时，常用在绳索或类似物件上打结的方法记录数字，表达某种意思，用以传达信息，处理事件。

（2）书画说。图画文字是用图画作为记事和表达思想的工具，它没有读音，画法很简单。常见的图画文字是各种具体事物，如人、庄稼、树木、工具、动物、日、月、山、水的形象等。它们多画在树皮、皮革或岩石上。近代的原始部落使用图画文字也较普遍，如北美的印第安人、因纽特人、西伯利亚的一些民族，非洲及大洋洲的一些部族都曾使用图画文字。后来人们把图画简化成象形文字。

（3）仓颉造字说。中国自古就有仓颉造字之说。文字的发明是人类发展史上一件石破天惊的大事，它将人们的思维、语言、经验以及复杂的社会现象记录下来，使文化得以传播交流、世代传承。

2. 汉字的形体

师：在中华民族五千年的历史中，汉字经历了从甲骨文—金文—大篆—小篆—隶书—草书—行书—楷书的演变，字形由象形到点横竖撇捺的方块字，经历了漫长的岁月。这其中凝聚着民族的智慧，也体现出汉字逐步完善的过程，凸显其方方正正、四平八稳的特点。汉字又是一种文化的体现，那些经过艺术处理的汉字或跳起了拉丁舞，或如同酒醉的人打起了醉拳，更是让我们感受到汉字的优美与多样性，所以书法是"纸上的舞蹈"。请大家看到书上的相关内容，注意每一种形体的汉字的载体是什么，其功能又有什么不一样。

（学生根据书上的内容迅速找到相关内容。）

师：汉字的演变过程，按时代和字体的对应，大体上可分为六种字体，具体如下（指导学生梳理）：

（1）古汉字阶段：甲骨文—金文—大篆（籀）、六国古文—小篆（形声占 87.39%）。

形体	使用器物	使用朝代	形体特点
甲骨文	刻在龟甲、兽骨上	商代后期	象形、字形方向不固定
金文	铸在青铜器上	商代后期和西周时期	线条化、平直化趋势
大篆	刻在石鼓上	西周晚期	线条均匀柔和，规范化
小篆	可以书写在竹简等器物上	春秋战国晚期、秦国	字体规整匀称，字形有所简化，象形程度进一步降低

（2）隶书楷书阶段：隶书—草书—行书—楷书（正楷、真书）（宋代形声超过 90%）。

形体	使用朝代	形体特点
隶书	产生于战国晚期，汉代通用	形体扁方，较长横画呈微波起伏，右下斜笔带捺脚
草书	形成于汉代	使用连笔，书写快捷，难以辨认
行书	出现在东汉晚期	比草书容易辨认，介于草楷之间
楷书	形成于汉魏之际，南北朝至今	形体方正严整，有撇、捺、硬钩，笔画平易圆转

3. 探究活动

师：你发现了汉字字形演变的规律了吗？

生：汉字字形演变的总趋势是从繁到简。

生：象形性逐渐减弱，从图形化演变为线条化、平直化。

生：笔画由多到少，结构由复杂到简单，越来越简单、规范。

三、汉字的构成

师：汉字是记录汉语的书写符号，因形体方正而被称作"方块字"。

汉字的构成：六书。

（独体）象形、指事。

（合体）会意、形声。

（用字）转注、假借。

（1）"象形"即简化了事物的图形，也是最早造出来的汉字符号。比如"火"就像火苗的样子；"门"和"车"也像门和车的样子（师板书画出图形）。

象形字源于绘画，容易辨认，易于区别。如"人、目、山、火、木、鱼"等。"元"是开始或第一的意思。"旦"是一个象形字，表示太阳从地平线上升起。我国殷商时代的青铜器上就有"旦"的象形字。最早的汉字像图画，如"月"字，像弯弯的月牙；如"山"字，像远处的山，上头还有三个高高的山尖。

（2）"指事"即象形字加上符号构成新字。象形字必须要像事物的形状才能被描摹出来，客观事物纷繁复杂，具体形象可以画出来，而一些抽象的事物则无法描摹，这时候就要借助符号来表示。于是"指事"这一造字法便产生了，比如"上"和"下"无形可象，就在一条长线的上下分别画一条短线来表示。又如，在"木"下加一条短线表示树根，在刀口处加一条短线表示刀刃（师板书画出图形，方便学生形象理解）。

（3）"会意"即把两个或两个以上象形字或指事字拼合在一起，且把它们的意义结合成一个新的意义的凿字方法。例如，"出"由一个"止"一个半框组成，表示脚从土坎中走出来。"步"中的两个"止"表示两脚交替走路。"休"由一个"人"字和一个"木"字组成，表示人靠在树上休息。"从"由两个"人"组成，表示一个人在前面走，另一人在后面跟从。"比"字，两个人并肩站立，似乎正在比较高矮。

会意字是由两个或两个以上的汉字组成的汉字，它的意义往往就是它包含的汉字的意义组合成的。比如："明"是由"日、月"两个字组成的，因为"日、月"都是能发光、明亮的东西，所以，"明"也就是"光亮、明亮"的意思；像大家学过的"尖"也是如此，上面"小"，下面"大"，可不就是"尖"吗？最有意思的，还要数"泪"字，它是由"水"和"目"两个字组成，"目"中的"水"，就是眼泪。

（4）汉字只有发展到表意阶段，我们才能利用汉字进行交流沟通，但是汉字的表意方法还是受限制，因为我们的交流很多时候是用语言来进行的，而语言依赖于声音。由于交流的需要，形声构字法也就产生了。用表义的形旁和表音的声旁合起来，构成的字即形声字，如"草、室、泥、村、腐"等。形声构字法的构字能力很强，因此汉字中形声字所占的比例很大。

用形旁和声旁组成的字，就叫形声字。由于古今字音、字形的变化，今天形声字声旁的表音作用已十分有限，但适当利用这有限的作用还是必要的。因为汉字是表意性的文字，字形不能直接标示字音，除了需要依靠拼音字母来注明字音外，声旁也可以帮助提供字音信息。

形声字的形旁和声旁排列的位置是多种多样的。依据例子，请你也写几个形声字：

左形右声：松　城　狸　帽　纺

右形左声：领　战　放　鸭　飘　歌

上形下声：露　花　草　笠　芳　景

下形上声：烈　忘　警　恭　贷　盒

外形内声：圆　阁　衷　病　赶　厅

内形外声：闻　闷　辫　辩　问

补充：

象形——画成其物，随体诘诎　　　指事——视而可识，察而见意

会意——比类合意，以见指㧑　　　形声——以事为名，取譬相成

转注——建类一首，同意相受　　　假借——本无其字，依声托事

值得指出的是，"六书"不是从一个角度来看问题的。具体如下：

前四书：象形、指事、会意、形声——造字法（体）。

后二书：转注、假借——用字法（用）。

四、汉字的文化

鲁迅先生曾说过汉字有"三美"：音美以感耳，形美以感目，意美以感心。

音美：汉字讲究声韵铿锵有力、音节和谐、抑扬顿挫。

形美：汉字的字形由点、横、竖、撇、捺等构成。汉字方方正正，四平八稳，但经过艺术处理的汉字有的跳起了拉丁舞，有的如同酒醉的人打起了醉拳，让我们感受到了汉字的形体美，所以，书法是"纸上的舞蹈"。

意美：汉字还有区别于其他表音文字的显著特征——表意。每一个汉字都有它的含义，都有无穷的意蕴，能给人以美感。

（一）猜字谜活动

1. 春节三日。（人）

2. 一半在河海，一半在天空，到底在哪里？老家在山东。（鲁）

3. 一个字，生得怪，六张嘴，两只角。（曲）

4. 汉语文字国，有三个"兄弟"，虽都是三笔，性格却不同：大哥大张嘴，不管他人事；二哥半张嘴，只管过去事；老三闭着嘴，十点迟迟起。（己已巳）

5. 有心走不快，见水它过满，长草难收拾，遇食就可餐。（曼）

6. 欲话无言，见流水活。（舌）

7. 有水可种荷花，有土可种桑麻，有人非你非我，有马可走天下。（也）

8. 虽有十张口，只有一颗心；要想猜出来，必须动脑筋。（思）

9. 看文字，一半是春秋；论年代，一半在春秋。（秦）

（二）有趣的汉字构成

"由"对"甲"说：这样练一指禅挺累吧？

"大"对"爽"说：就四道题，你怎么全做错了？

"兵"对"丘"说：兄弟，踩上地雷了吧，两只脚咋都没有了？

"熊"对"能"说：哥们，穷成这样啦，四个熊掌全卖啦？

（三）有趣的汉字谐音笑话

北京大学的说：我是北大的。

天津大学的说：我是天大的

上海大学的说：我是上大的。

厦门大学的说：你们聊，我先走了！

（四）想想：看下面 20 个字能组成几首五绝

落雪飞芳树幽红雨淡霞薄月迷香雾流风舞艳花

无论从哪一字起，无论顺读倒读，都能成五绝一首，可得四十首！

五、探究，引导学生深化思想

1. 你认为汉字会在电脑时代被淘汰吗？为什么？

2. 你认为汉字将会被"拼音文字"所替代吗？为什么？

3. 现在的书刊中常常有汉字夹字母的情况出现，这样好不好？为什么？

六、师生总结

汉字：民族的根！

英语充其量只是我们了解世界的工具，汉语才是我们真正的根。

这则教学设计是就"优美的汉字"专题开展梳理与探究活动，但主要是侧重于对汉字构造的知识梳理。整个设计以问题引导学生开展对话，梳理汉字的结构特点，探究汉字的形体演变规律。教师通过创设情境，激发学生学习兴趣，引导学生分析归纳"六书"的结构特点。通过课前查阅资料，学生首先从感性上体会汉字中所蕴含的秘密。在合作交流中，学生对于以前所学汉字有了理性的看法和认识。在梳理与探究过程中，学生了解了汉字的起源和构造，感受到了汉字的美丽和有趣，增强了民族自豪感和自信心。

案例二：文言词语和句式：合作为上，积累为要

教学目标：

1. 以翻译为切入口，落实常见文言词语。

2. 在学生已掌握文言文翻译的一般原则、技巧的基础上，加强踩点得分意识，以难词难句为突破口，指导学生掌握好高考文言句子翻译的方法技巧。

教学重难点：

1. 抓关键词句（关键词语、特殊句式），洞悉得分点。

2. 借助积累（课内文言知识、成语、语法结构、语境等），巧解难词难句。

教学设想：

1. 高考的文言文阅读是源于课本而又高于课本，作为高考的第一轮复习，要遵循由"已知"推出"未知"的认知规律，由课内拓展到课外，以课内文段阅读为材料进行复习，通过"积累—迁移—巩固"的复习原则，逐一落实考点内容。

2. 在学生掌握了"信、达、雅"三字翻译目标和"六字翻译法"的基础上，针对学生在文言翻译中的盲点，力图引导学生总结归纳出解决翻译疑难的技巧，并通过训练验证这些技巧的可操作性，使学生能举一反三，从而增强文言文翻译的信心。

3. 为调动学生的学习兴趣，发动学生积极参与，在教学中，让学生变换角色，通过师生互动、生生互动的教学模式，完成教学内容，提高课堂复习效率。

教学步骤：

一、课堂梳理，导入新课

1. 知识重温——翻译的原则与技巧

（1）提问：从高考的特点与考查目的出发，文言文翻译要严格遵循的两个原则是什么？

第一：忠于原文，力求做到"信、达、雅"。

第二：字字落实，以直译为主，以意译为辅。

让学生用自己语言表述对文言文翻译"信、达、雅"三字原则的理解。

（2）提问：文言文翻译的"六字法"是什么？

①留：人名、地名、年号、国号、庙号、谥号、书名、物名都保留不译；与现代汉语表达一致的词语可保留。

②补：省略的部分；词语活用相应的部分；代词所指的内容；使上下文衔接连贯的内容等。

③删：一些没有实在意义的虚词，如表敬副词、发语词、部分结构助词等，同义复用的实词或虚词中的一个，偏义复词中陪衬的词应删去。

④换：把古词换成现代汉语。基本模式是把单音词变为双音词。

⑤调：把文言文中倒装的句子成分调整过来，使之符合现代汉语的语法习惯。

⑥选：根据文意选用文言词恰当的意项。

2. 明确本课要解决的问题

本课要掌握解决文言文翻译疑难的技巧。

二、自主合作，寻找规律

（1）出示高考题，学生试翻译。

把下面文言文中画横线的句子翻译成现代汉语。

董叔将娶于范氏，叔向曰："范氏富，盍已乎！"曰："欲为系援焉。"他日，董祁愬于范献子曰："不吾敬也。"献子执而纺于庭之槐。叔向过之，曰："子盍为我请乎？"叔向曰："求系，既系矣；求援，既援矣。欲而得之，又何请焉？"

［注］①系援：（作为）绳梯攀援（上去）。这里指通过婚姻关系往上爬。②董祁：范献子的妹妹，嫁给董叔后，改称董祁。③纺：系。

参考答案：

①范氏富，盍已乎：范家富贵，何不（为什么不）取消（停止）这门婚事（亲事）呢？

②献子执而纺于庭之槐：范献子把董叔抓来（捉来、逮住）绑在庭院中的槐树上。

③欲而得之，又何请焉：想要的得到了，还请求什么呢？

（2）独立思考：命题者为什么选择这些句子做翻译题？从中你得出了什么样的解题规律？

明确：命题者往往选择含有与现代汉语用法差别较大的词语、句式的句子来作为翻译题。

（3）出示以上题目的评分标准，思考：命题时是根据什么拟定评分细则的？

①范氏富，盍已乎（2分。"盍"1分，何不，为什么不；"已"1分，停止）。

②献子执而纺于庭之槐（3分。"执"1分，捉住；省略句"执之"1分；"纺"1分，绑）。

③欲而得之，又何请焉（3分。"欲"1分，想要；宾语前置"何请"1分，请求什么；句意1分）。

明确：评分细则的拟订往往会体现在句子的几个关键得分点处。

①句中的关键词语（包括通假字、词类活用、古今异义、偏义复词、多义实词、常见虚词）。

②特殊句式的翻译（省略句、被动句、倒装句、判断句，包括固定句式）。

总结规律：

文言文翻译步骤一：抓关键词句，洞悉得分点。

做翻译题的时候，应该有踩点得分的意识，要洞悉命题者关键想考查哪些地方。要抓住翻译的两个关键点：一是关键词，二是特殊句。

（4）讨论：一些同学在翻译时出现了错误，反映了什么问题？你有什么好建议？

明确：要加强课本文言文知识的积累和梳理，夯实基础很重要。

遇到疑难的解决办法——要善于借助积累，如：

①五旬而举之，人力不至于此。（3分）

抓关键词语：旬、举。

要善于借助：旬——十月中旬（借助成语、词语判断）；

旬——五十岁？五月？五年？五个月？（借助上下语境推断）；

举——南取汉中，西举巴蜀（借助课内文言文知识积累）。

②箪食壶浆，以迎王师。（3分）

抓关键词语：箪、师。

要善于借助：箪（借助字形判断）；箪食壶浆（借助语法结构推断）。

文言文翻译步骤二：善于借助，巧解疑难。借助字音、字形判断；借助成语（词语）判断；借助课内文言文知识积累；借助上下文语境推断；借助语法结构推断等。

"文言词语和句式"专题由"文言词语""文言句式"两部分组成。本案例是从高考测试的角度设计的。文言实词的梳理要注意一词多义、古今异义、通假字、词类活用现象。文言词语包括文言实词和文言虚词，将学过的文言词语分类积累下来，是提高文言文阅读能力的重要途径。专题重点在于引导学生要积累常见的文言实词和虚词的意义，总结判断句、被动句、省略句、倒装句等常见句式的规律，为学生准确翻译和理解文言文奠定基础，从而培养学生对祖国古代汉语的热爱之情。

（二）探究类专题案例评析

案例一：奇妙的对联：感悟优秀传统文化的力量

教学目标：

1. 了解对联方面的主要知识，把握对联的灵魂，会做简单的属对练习。

2. 通过例句有顺序地了解对联知识，运用学到的对联知识进行属对练习。

3. 认识热爱传统文化，在语文实践中发展思维，提高文采。让学生掌握对联知识树，鼓励学生创作对联，激发学生学以致用的热情。

教学重点：了解对联方面的主要知识。

教学难点：对联欣赏和属对练习。

教学过程：

一、目标诊测

对句填空：座上珠玑昭日月，（　　　　　　　　）。

预设：堂前黼黻焕烟霞。

二、实施目标

1. 导入

一年春节前夕，清代书画家、文学家郑板桥去郊外办事，路过一户人家门前，看见门上贴着一副对联，上联是：二三四五，下联是：六七八九。郑板桥读后，掉头就往自己家里跑。不一会儿，他扛来一袋粮食，还拿着几件衣服和一块肉，急匆匆地走进那户人家。只见屋里的人缺吃少穿，愁眉苦脸，郑板桥送来的粮食、衣物正好救了他们的急，一家老小十分感激郑板桥。奇怪的是，郑板桥和这家人素不相识，却从门前的对联里看出了这家人的贫困和急需。同学们从这副对联里能看出什么？如果说这副对联是一个谜语，打一个成语，你能猜出这个成语是什么吗？（缺衣少食）——原来对联竟有如此神奇的妙处，今天，就让我们走进"奇妙的对联"。

2. 基础知识梳理

（1）对联的起源。

明确：在华夏五千年的文化中，对联是一种凝缩的文学艺术。它发源于秦汉，形成于唐宋，盛行于明清，可谓源远流长。

（2）关于对联的具体分类。

《中国对联大辞典》把对联分为：白话联、文言联、短联、一字联、长联、名胜联、胜迹联、山水联、庙联、祠联、寺观联、庭宇联、廊宇联、衙署联、试院联、会馆联、学校联、戏台联、居室联、喜联、贺联、节日联、春联、婚联、寿联、祝联、自寿联、挽联、他挽联、自挽联、墓联、岁时联、干支联、元旦联、元宵联、端午联、七夕联、中秋联、重阳联、故事联、本事联、谐趣联、题赠联、格言联、行业联、商业联、杂题联、一般联、御题联、御联、应制联、时事联、文艺联、谜联、节气联、迎春联、述事联、抒情联、状景联、哲理联、评论联、装饰联、交际联、宣传联、会场联、广告联、游戏联、巧妙联、通用联、专用联等。

总结明确：对联的种类很多，主要有春联、喜联、寿联、挽联、装饰联、行业联等。

（3）对仗是对联的基本要求。

对仗：①字数相等；②词性相对（名词对名词，动词对动词，副词对副词，数词对数词等）；③平仄相对（音韵和谐）。对仗非常工整的，叫严对。

例1：眼内（有尘）三界（窄），心头（无事）一床（宽）。

例2：一尘（全）不染，甲子（任）翻腾。

例3：一畦（qí）（平）春韭绿（lù）（仄），十里（lǐ）（仄）稻花香（xiāng）（平）。

过渡：也有宽对，要求不太严的，因为形式毕竟是为内容服务的，人们看对联，主要还是看意思。

例4：人生贵在有追求，哪怕脚下路悠悠。（这叫流水对，又叫串对。）

（4）对联的灵魂是"意趣"。

对联，是我国独有的文学样式。读对联，赏对联，给人们带来无穷乐趣。

例：落霞与孤鹜齐飞，秋水共长天一色。

预设：化静为动，写出了傍晚洞庭湖上的壮丽景色，具有独特的美感，妙趣横生。

小结：从炼字角度看，对联又是浓缩的艺术。

过渡：可见，对联的灵魂还是"意趣"。如果对联"意趣"新奇，形式上还可以适当放宽要求。

3. 上下联的关系

就上下联（出句、对句或叫上比、下比）在意义上的联系，对仗一般可分为三种。

（1）正对：上下句意思相似、相近或相关。这是对联运用较多的一种形式，内容主要是构成并列关系，上下联各写一事，又和谐地统一在一个意境之中。如"月圆花好人长寿，物阜民康国富强"，上下联内容互相补充，统一在祖国大好形势这一意境里，表现了人寿年丰、国富民强的主题。

正对要避免"合掌"，如同人的左右手完全重合在一起。"合掌"是对联的大忌，它有两个标志：一是大量使用同义词；二是上下联内容完全相同。如"呕心"对"沥血"、"神州"对"华夏"、"普天"对"举国"、"树新人"对"育幼苗"等，这些在对仗中都是不允许的。

（2）反对：上下句意思相反相对，意思相互映衬，体现一个事物的正反两面性，把主题表现得更为深刻。如鲁迅的"横眉冷对千夫指，俯首甘为孺子牛"，上联表现对敌人的恨，下联表现对人民的爱，爱憎分明，表现了鲁迅的伟大人格。又如徐特立赠青年联"有关家国书常读，无益身心事莫为"，上联勉励青年多读有益之书，下联告诫青年莫做有害之事，目的都是鼓励青年修身养性，献身社会。

（3）串对：又称"流水对"，上下句像流水一样连贯自然，意思具有承接、递进、因果、假设、条件等关系。如毛泽东的"才饮长沙水，又食武昌鱼"，既有动作的连贯，也有事件的承联。又如格言联"少壮不经勤学苦，老来方悔读书迟"，上联讲原因，下联讲结果。虽然没有关联词，但因果关系显而易见。

出示课件，举例巩固知识点，丰富课堂内容，加深印象：

①意思相关：绿杨枝上鸟声声，春到也，春去也；清水池塘蛙句句，为公乎，为私乎。（正对）

②意思相对：赤面秉赤心骑赤兔追风驱驰时无忘赤帝，青灯观青史仗青龙偃月隐微处不愧青天。（正对）

③意思相反：横眉冷对千夫指，俯首甘为孺子牛。（反对）

④意思相承：天上一轮才捧出，人间万姓仰头看。（串对）

4. 横批

横批是对对联内容的提炼和概括，一般为四个字。如果对联意思非常突出，不用横批也可以。

5. 贴对联

上联贴哪边？

预设：按左上右下的顺序贴。

对联有哪些名称？

预设：楹联、对子、春联，也叫"桃符"。

小结：对联除了讲究对仗外，还要注意适当运用一些修辞手法，如对比等。横批，是对对联内容的提炼和概括。可见，写对联也能发展思维，提高文采，所以古人经常进行属对练习。

三、对联创作练习与重点知识检测

家兴旺，国兴旺，国家兴旺（出句）。

补写对句：（　　　　　　）。

答案示例：

人安乐，民安乐，人民安乐。

天回春，地回春，天地回春。

妻平安，子平安，妻子平安。

家团圆，人团圆，家人团圆

人团结，民团结，人民团结。

老平安，少平安，老少平安。

四、拓展训练

做以下两道题，所给均为上联，二选一：

①扫千年旧习，（　　　　　　）；祖国江山好，（　　　　　　）。

②冬去春来千条杨柳迎风绿，（　　　　　　）。

答案示例：①树一代新风；大地气象新。

②莺歌燕舞万里江山换新颜。

课堂小结：对子似易成，英才一挥而就；佳句实难得，学子千虑以求。

在华夏五千年的文化中，对联是一种凝缩的文学艺术品类。一副好的对联，就是一首好诗。

本模块的教学设计，采用目标教学，提出学情问题，了解学生对知识结构和语言的实际运用情况。教师通过梳理对联相关知识，让学生了解对联的类型、特点，学习拟写对联的方法。在学生掌握对联基本知识的基础上，教师应激发学生实地收集对联资料，并对掌握的对联进行文化规律的探寻。教学力求把知识点建立在学生可接受的层面上，坚持以训练为主线，激发学生的主体意识，让学生把读对联和写对联结合起来，坚持用实践引领学习；力求把理论和实践结合起来，让学生达到学以致用和乐学的境界，激发学生对传统文化的热爱之情。

案例二：走近文学大师：吸取思想的力量

教学目标：

1. 通过了解文学大师的思想、品格和作品，让学生开阔眼界，了解大师在创作生涯和不朽作品中展示出的博大思想、崇高人格，让学生接受人类优秀文化的熏陶。

2. 激发学生阅读名著的兴趣，培养学生研读、鉴赏名著的意识。

3. 学习阅读名著的方法。

教学重难点：

1. 中外著名的文学大师有哪些？其主要代表作有哪些？

2. 如何通过阅读经典作品，从大师那里汲取思想的力量？

3. 如何把握不同艺术作品的风格及语言特色？

教学方法："问题对话"式。

教学课时：1课时。

教学过程：

一、活动预备任务

1. 搜集资料，梳理阅读经典作品的意义、方法、规则。

2. 阅读《家》《围城》《巴黎圣母院》等作品。

二、举行"读名著，品人生"鉴赏探究活动

(1) 经过调查分析，根据自主阅读情况，梳理学生编写的问题，思考讨论：

鉴赏探究提纲

作品名称	讨论的问题
《家》	①《家》中哪一个人物性格最复杂？请简述理由。②作品中哪些场面或人物描写最令你感动？为什么？③作品在塑造人物方面有哪些主要特点？
《围城》	①《围城》才情横溢，妙喻连篇，你印象最深的是哪一处？②这部小说描写的场景、细节结实、饱满，你认为最吸引人的是哪一处？③苏文纨、唐晓芙、孙柔嘉都是《围城》中的知识女性，试关注她们的命运，分析她们的性格。
《巴黎圣母院》	①同样爱着梅拉达，菲比斯与卡西莫多的爱却是不相同的，不同在哪里？②许多小说都被改编成电影，例如《家》《巴黎圣母院》，对此有人赞成，有人反对，针对某一部小说的改编，谈谈你的看法。

（2）成立活动小组，按计划将任务分配给学生，每人写一篇读后感。由组长负责分工，发挥每个人的特长，要求全员参与，团结协作。先搜集资料，再选择与整理资料，并制成课件，进行展示。强调如果有可以帮助别人进行探究活动的信息，注意及时与人分享。

（3）确定活动课的发言人，讲解形式力求创新，做好充分的发言准备，每人发言不超过 5 钟。

三、交流展示

活动形式：体现学生自主、合作、探究精神，安排学生成为主角来活动、演示，教师只将学生的活动串起来，起组织作用，各小组发言人做小主持人，展示任务分派给各课题小组完成。

（1）教师启发。

古人说，读一部好书，"视之如锦绘，听之如丝簧，味之如甘腴，佩之如芬芳"，这话说得有理。走近文学大师，我们可以朝谒巴金，拜访钱锺书，同他们探究小说的魅力；走近文学大师我们可以感受到乱世悲歌英雄泪，金戈铁马忠义魂……

就让我们一起走进文学名著的世界，一起和智者进行对话，一起和智者探讨世相人生，尽情享受经典的魅力。

（2）小组分享交流探究成果。

（3）教师总结各小组的探究成果，并作出评价。

四、梳理阅读经典作品方法

1. 文学作品解读的原则

尊重作者和文本；合理地联想和想象；有理有据地鉴赏。

2. 总结鉴赏的方法

联系自我；结合实际；品读文本；想象联想。

五、拓展应用

以"我心中的_____"（巴金、钱锺书或雨果等）为题写一篇文章，或以"假如我是_____"（名著中的一位人物）为题写一篇文章。

本案例依据《普通高中语文课程（2017 年版）》理念设计，倡导"自主、合作、探究"的学习方式，改变封闭的教学内容与陈旧的教学方法，通过课外学习为主，课内交流讨论为辅的原则，开展语文学习活动，使课内外衔接起来，让学生体会到读书是一种高级的智力活动，书籍是世界上最珍贵的财富。让学生在阅读中获得思想启迪，受到情感熏陶，在审美的过程中充分舒展自己的个性，最终提升自身人格修养，同时在阅读中增强语言感受力和文学鉴赏力，并培养创新、合作、探究精神。

"走近文学大师"是梳理与探究部分的一个专题，这部分是语文教学活动的亮点。该专题侧重引导学生对文学大师的作品进行梳理和整合，通过阅读和拓展，以及自主思考、合作研讨，培养学生的探究能力。学生通过接近大师，进入大师的精神世界，吸纳作品的精华，提高个人文化积淀和文学素养。

在教学本专题时，鉴赏探究活动建议从以下几个方面开展：

1. 有的放矢，激发学习激情

在历史的长河中，涌现出许多文学大师，如中国的屈原、陶渊明、李白、杜甫、苏轼、关汉卿、曹雪芹、鲁迅，外国的莎士比亚、雨果、巴尔扎克、托尔斯泰、海明威等，如璀璨夜空中的繁星映照苍穹。他们以伟大的人格、深邃的思想、卓越的才华，为世人瞩目，对人类的文明产生了深刻的影响。走近文学大师，感受大师的风采，和大师作精神上的沟通，对学生来说，是一次极具意义的精神旅行。因此，首先要让学生了解这次活动的重要意义，激发他们的热情。

2. 走近大师，体悟思想魅力

（1）近距离接触。大师是为生命、为生活、为人类而写作的，这是人类精神追求的反映；大师描写的虽然是当时的社会生活和意识形态，但是其中所表达的人文思想，是超越时代、能引发历代人们共鸣的。学生能理解这两点，感到大师就在他们"身边"，给他们以关照、启迪，对他们人生有帮助，自然会产生阅读兴趣，主动阅读经典。

（2）感受大师的思想力量。引导学生搜集有关资料，并阅读相关的作品，了解大师思想的深刻性表现在哪里，大师思想的力量是怎样通过他们的作品形象、生动并充满智慧地表达出来的，以及为什么他们的作品能对社会产生如此巨大的影响力。

（3）感受大师的优秀人格。许多文学大师，他们对人类的影响，不仅表现在他们精彩的文笔带给世人精神上的享受，更表现在他们以人格魅力，折服世人，体现出人类精神的巨大力量。屈原强烈的爱国主义精神不仅体现在《离骚》中，也贯穿于他生命的始终，并激励后世仁人志士。教师在引导学生阅读经典时，可以指导学生在这方面做些研究。

（4）感受大师丰富的内心世界。有人说，鉴赏一部作品，可以只看它的文本，而不必参照文本之外的资料。当然，这样的观点有其道理。但是如果我们不了解作家本身，也许会遗漏许多重要的东西，也许会影响我们全面、深入地分析作品。因此可以让学生阅读作家的传记，了解其生平，尤其注意其生活经历与创作的关系，进而探讨作者丰富的内心世界是怎样反映在作品中的。学生可以参照有关的研究成果，以便更好地把握，这也是学生掌握探究性学习方法的良好途径。

3. 选择恰当的鉴赏角度，感受经典艺术魅力

文学在内容上给我们提供了认识生活的窗口，同时还以它独特的、具有创造性的艺术形式，为我们展现无穷的艺术魅力，丰富我们的精神生活。在人类文明的进程中，文学艺术百花争春、群芳斗艳。不仅出现了许多优秀的大师，还产生了大量的文学流派。如唐诗创作中有田园诗派、山水诗派、边塞诗派；现代诗创作中有新月派、象征派及后来的七月派、九叶派等；外国的，如欧美的象征主义诗歌、美国的"黑色幽默"、拉美的魔幻现实主义、法国的"新小说"、日本的新感觉派等，异彩纷呈。中外文学共同营建了人类精神财富的百花园。文学作品的艺术魅力，可以说是多方面的，题材、主旨、人物、情节、意象、语言风格、叙事模式等，都能使读者得到艺术的熏陶、审美的享受。教师可以指导学生选择自己喜欢的角度，进行专题探究，可选取一部作品进行分析，如《茶馆》的"社会画卷"的艺术形式特点；可以选取一位作家的多部作品进行对比，如莫泊桑的《我的叔叔于勒》《项链》；可以将作家作品放在时代背景中分析，如李白与盛唐时代；还可以从文学流派的角度，总结作家作品的艺术特征，如孙犁小说和"荷花淀派"，伍尔夫的《墙上的斑点》和"意识流"。

第九章 中华传统文化专题教学活动

中华优秀传统文化，是中华民族的根和魂。

——习近平

中华传统文化源远流长、博大精深，它是在民族发展历史长河中沿传下来的民族文化，具有鲜明的民族特征和文化品质，体现中华民族的价值取向和审美追求。语文教育是母语教育，承载着传统文化教育的重任。

《普通高中语文课程标准（2017 年版）》涉及传统文化教育内容的有"中华传统文化经典研习"和"中华传统文化专题研讨"两块。这两块内容既有联系又有区别，前者是后者的基础和前提，后者是前者的深入和提升。两者在教学目标和内容上都强调传统文化的教育目标和教学目标。在语文教学中，阅读教学是最直接、最普遍、最有效的教学类型。因此，我们通过语文阅读教学加强传统文化教育具有重要的价值。

在全民普遍重视传统文化的今天，为使高中语文阅读教学回归教学本真状态，通过阅读教学提高传统文化教育的效力，在开展中华传统文化专题活动前需要对中华传统文化教育在语文阅读教学中的价值作定位。

一、传统文化教育在阅读教学中的价值定位

（一）高中语文阅读教学规定性体现传统文化精神

《普通高中语文课程标准（2017 年版）》指出，"高中语文课程必须充分发挥自身优势，弘扬和培育民族精神，使学生受到优秀文化熏陶，塑造热爱祖国和中华文明、献身人类进步事业的精神品格，形成健康美好的情感和奋发向上的人生态度"。课程标准的这一规定表明高中语文阅读教学要重视学生情感态度和价值观的培养。在开展阅读教学时，充分挖掘课程资源，引导学生通过睿智的哲学思想、完善的道德伦理体系、辉煌的文学艺术成就、浩瀚的文化典籍等，汲取民族文化智慧，体会蕴含的中华民族精神。阅读教学内容的这些规

定性无不体现着天人合一、兼容并包、自强不息、忠贞不渝、爱国守法的传统文化精神。教师在实施阅读教学过程中，为提高阅读效率，不仅要重视知识与能力，还要重视过程与方法。课程标准强调要采用"自主、合作、探究"的学习方式激发学生的阅读兴趣，全面提高学生的语文素养。这就要求教学时要坚持以教师为主导、学生为主体的原则，照顾学生的个性差异，充分尊重学生的阅读体验。因此，从阅读教学方法的建议看，着重培养学生的语文素养，体现了人文精神，这同样吻合了传统文化精神。

（二）高中语文阅读教学是传统文化教育的建构

语文教育是工具性与人文性的统一。语文学科的本质属性揭示语文具有基础地位和情感教育功能，这是其他学科无法企及的。教材包含着传统文化的精华，渗透着民族文化的智慧。阅读教学的过程实质就是引导学生体验文化、建设精神家园、感悟生命成长的过程。从高中语文课程的设计思路看，分为必修和选修模块，必修分为阅读与鉴赏、表达与交流；选修由诗歌与散文、小说与喜剧、新闻与传记、语言文字应用和文化论著研读五个系列组成。必修模块具有综合性，每个模块按照单元主题划分，集中体现阅读与鉴赏、表达与交流的目标和内容；教师可根据学生阅读需求有选择性地设计若干选修模块，教学时灵活实施。教材的设计思路与形式体现了统一与分散、个性与共性的传统思维方式，具有浓厚的人性化色彩。在课程目标方面，语文课程标准指出，通过高中语文课程学习，学生应该在"积累·整合""感受·鉴赏""思考·领悟""应用·拓展""发现·创新"五个方面获得发展，其实质和根本目的是"固本""铸魂""打底色"，不断充实精神生活，完善自我人格，培养高尚情趣，提高道德修养。在课程教学建议方面，语文课程标准强调要全面发挥语文课程的功能，重视情感、态度、价值观的正确导向，促进学生整体素质的提高。教学时，以文本语言为载体，以优秀的语言文学作品为精粹，塑造学生热爱中华文明、献身人类进步事业的精神品格，让学生形成鲜明的政治立场、健康的思想观念、正确的情感价值取向、科学的思维方式。

因此，语文阅读教学作为母语教学无论在课程设计、课程目标方面，还是在教学建议方面都彰显着传统文化的内涵，与传统文化有着不可割舍的联系。

（三）高中语文阅读教学拓宽了传统文化教育视野

从历次高中语文课程改革来看，教材的修订重视传统文化教育，尤其是《普通高中语文课程标准（2017 年版）》呈现思想内容深广、文体多样化、风格流派迥异的特点，把传统文化教育提到了前所未有的高度。无论是必修模块还是选修模块，教材始终贯穿传统文化精神，体现立德树人的教育方针。以语文必修模块中的"阅读与鉴赏"部分文言文单元为例，必修一选编的《报任安书》《陈情表》《赤壁赋》《项脊轩志》都是传世不衰的经典之作，分别表现豁达乐观、忠孝关系、濡沫亲情等传统文化精神，虽带有历史局限，但主流是倡导积极向上的情感态度和价值观；必修二选编的《鸿门宴》《淝水之战》《段太尉逸事状》《崔杼弑其君》均为写人记事类，分别体现了智谋文化、勇毅正直以及古代史官秉笔直书的职业道德修养和操守；必修三选编的《兰亭集序》《阿房宫赋》《滕王阁序》《黄州新建小竹楼记》等篇目于万物静观中体察历史、体味人生，读来犹如沙场观阵，荡气回肠，显露了深厚的民族文化底蕴和高超的民族智慧；必修四中的《劝学》一文以气韵流畅的风格和雄辩滔滔的气势告诫世人学习是人生的指路明灯，韩愈的《师说》以其丰富的学识、卓越的胆识提出要用民主平等的意识从师勤学，体现了教学相长的辩证唯物主义思想；必修五选编的《论修身》《论民本》揭示了修身教化和以人为本的思想，思想性和艺术性高度统一，是中华文化灿烂的篇章，至今闪烁着思想的光芒。

此外，"单元链接"和"探究性学习"也注重通过关注语言现象、评说历史人物、应用语言调查等方式，增强学生的民族文化认同，提高学生对民族文化心理、审美情趣的把握，从而增强学生的民族自豪感和自信心。

（四）高中语文阅读教学是与传统文化精神对话的过程

阅读教学是读者通过语言文字、篇章结构、文化文学、思想内容等与作者交流思想、表情达意的过程。传统文化是中华民族经过长期积淀而形成的情感、思想和哲学，蕴含着强大的民族精神和卓越的民族智慧。因此，阅读教学过程就是与传统文化精神对话的过程，它们之间是相互依存、相互交流、和谐共生的生命对话过程。语言文字是文化的载体，是民族文化的体现，是民族的灵魂。在阅读教学过程中，教师通过引导学生梳理语言文字的规则，理解语言文字的发展变化，把握汉字的文化特质和意蕴，就能使学生与作者有效开展情感交流。教师在"唐诗选读"中通过"诵读—涵泳—体悟"的对话机制，让学生感受作品的意境和形象，对作品进行多元的开放性解读，从而理解作品的思想内涵，了解作品的价值取向，领略唐诗所反映的时代精神和独特审美情趣。"先秦诸子论选读"课程涉及先秦诸子各学派代表人物具有代表性的文章或片段，教师通过阅读探究，引导学生陶冶身心、涵养德行，使人格健全发展，形成积极健康的人生观和价值观。"中华文化寻根"包括民族、氏族、宗教、婚姻、家庭、姓氏、天文、地理、历法、风俗、艺术、文教、汉字等，教师通过专题阅读活动，扩大学生古代文化的知识面，引导学生关注当今文化现象，探究历史渊源，激发爱国情怀，增强民族自信心和自豪感。

文本阅读的实质就是学生与传统文化对话交流的生命情感体验过程，接受民族文化熏陶的过程，开展精神建构的过程。阅读体验可以有效培养学生爱国、敬业、诚信、友善的个人情操。这与传统文化的精神血液是一脉相承的，理应通过多种方式深入阅读学习。

国务院办公厅在《关于实施中华优秀传统文化传承发展工程的意见》中强调，要把传统文化贯穿于国民教育全过程，围绕立德树人根本任务，遵循学生认知规律和教育教学规律，按照一体化、分学段、有序推进的原则，把中华优秀传统文化全方位融入教育各个领域。高中语文阅读教学要立足学科教学的本质属性和特点，通过形式多样的教学方法和灵活高效的教学手段，把传统文化融入阅读教学全过程。在组织和引导学生阅读时，教师要秉承客观、扬弃继承、转化创新的原则，尊重学生的阅读体验，深入挖掘传统文化元素的时代内涵，真正让阅读教学成为学生体验传统文化恒久魅力的精神活动。

二、中华传统文化阅读教学策略

（一）在教学类型方面，群文阅读和单篇阅读相结合

语文课程标准中的"中华传统文化经典研习"和"中华传统文化专题研讨"都涉及专题学习。专题学习既有群文阅读又有单篇阅读。因此，在中华传统文化阅读中可以先围绕一个或多个议题选择一组文章，而后师生围绕议题进行阅读和集体建构，最终达成共识；也可以单篇教学为主，让学生在诵读中陶冶情操，体味传统文化的魅力。当然，在群文阅读时，要充分考虑各篇文章在主题引领下彼此的关系。在单篇阅读时，也要回应群文阅读主题，便于未来开展群文阅读教学。也就是说，群文阅读与单篇阅读要互相呼应、互相兼顾。比如，人教版必修二单元的主题是"体验情感"，古代文学作品单元的基本阅读篇目有《阿房宫赋》《赤壁赋》《项脊轩志》《与妻书》，扩展阅读篇目有《逍遥游》《论毅力》。教师要结合本册主题，明确本单元的学习目标：除了文言文语言知识外，还要引导学生感受和体验古人的情感世界，走近古人的生活，走近古人的内心世界。

（二）在教学方式方面，比较阅读和拓展阅读相结合

创设多种研讨、探究和交流的方式，精读与略读结合，局部探究和整体涉

猎结合。在活动主题的引领下，教师可以让学生对一篇或一组文章有针对性地进行比较阅读。通过比较相同点与不同点，学生更好地体会这一主题的内涵。如在探讨"女性自尊"这一主题时，可以选择《诗经·卫风·氓》《孔雀东南飞》组合阅读。这两首诗都写了被抛弃的女子的抗争，体现了女性的自尊与自爱。《诗经·卫风·氓》的女主人公在被虐待时重视内心愤怒的声音，重视作为人必须得到尊重的权利，奋起控诉负心人的恶行，捍卫自己的尊严。此外，她思考男女的婚姻爱情态度的差异，体现了女性个体意识的萌发。《孔雀东南飞》的刘兰芝在个人意志得不到充分的尊重，无法主宰自己的命运时，为了维护尊严选择死亡，以生命的解脱获取最终的自由。两首诗中的女子，都是处于弱势的，但是她们不依赖、不幻想，凭着坚强的内心维护着自己作为女性的尊严。了解古代文学作品中的经典名著，是提高传统文化素养的一个重要组成部分。但是我们发现，大多数学生对古代文学名著知之甚少，学生总是习惯按自己的兴趣选择阅读的内容，不喜欢名著。他们觉得这类书创作时间距离当今时代久远，有些书的语言表达较难理解，有些书思想性太强，不够吸引人。教师可以利用教材中的课文进行重点分析，或探究其思想性对后世的影响，或探究其与现代社会的结合，或挖掘名篇中蕴含的人生哲理与人生智慧等，让名篇焕发其独特的魅力。教师在教会学生掌握阅读思考的角度与方法后，再将课文作为一个切入点，以点带面，引导学生阅读原著，了解原著，进行探究性的专题学习。

（三）在教学实践方面，将读写和现实活动结合起来

读与写是语文学习素养的两个重要方面，这两种素养的实现是通过阅读与写作训练来完成的。在心理机制中，阅读是从语言到思想，从形式到内容，从外部到内部，从部分到整体的心理过程；而写作则是从思想到语言，从内容到形式，从内部到外部，从整体到部分的心理过程。韩愈曾说："学以为耕，文以为获。"阅读积累与思考是写作的先导，教师对学生进行传统文化教育，更要让学生进行积累和思考，将知识转化为能力。首先，教师引导学生积累名人名言、典型事例，并运用到写作中。在教学中，教师可以让学生按照自己的个性去设计创造读书笔记，并分为"精华摘抄""佳句赏析"等板块进行积累，培养学生"处处留心皆学问"的习惯，锻炼其思考分析与书面表达能力，逐渐积累起属于自己的"资源库"。其次，教师引导学生对一些传统观念和做法提出自己的感想和见解，并形成文字。传统文化需要与时俱进，需要添加时代的新因子，才有源源不断的生命力。学生如果对传统文化的学习仅止于被动接受，那并没有真正发挥学生的主动性和创造性。教师在上完课后，可以趁热打

铁，让学生提出问题，或者教师提出问题让学生去思考探究并形成文字。此外，教师还可以让学生从课文题材、话题等方面进行引申，并进行思考创造。教学要教学生"学会学习"，在培养学生的传统文化素养的同时也需要着重培养学生形成良好的学习习惯，引导学生重视各种资源，学会积累，开拓思路，勤于动脑，形成一己之得，力争有所发现、有所创新。

中华民族的优秀传统文化能够一直延续至今，正是因为其有着超越时代的普遍指导意义。教师对学生进行传统文化教育，不能只停留在课堂与教材上。传统文化教育只有与现实相结合，走出书本，走近生活，让学生将所受到的熏陶教育转化为现实中的行动，学会正确自己看待自身与外界事物，用优秀的传统文化来指导自己的行为，才能够真正将知识转变成能力。传统文化也只有与现实生活相结合，才有长久不衰的生命力。

对学生进行传统文化教育，我们力争做到提升学生的传统文化素养。对学生进行传统文化教育，除了让学生在知识与理论上有一定的积淀之外，更要使学生在为人处世方面受到影响，这样才能体现传统文化的实用性。

三、中华传统文化阅读教学案例

案例一：《当仁，不让于师》教学设计

教学目标：

1. 掌握识记本课中重点的实词、虚词、文言句式等文言文基础知识。

2. 翻译文中的重点句子，分析并理解作者的观点；重点学习第 10 则选文，理解孔子及其弟子的政治抱负和思想志趣。

3. 领悟孔子跟弟子平等相处的精神，领会孔子对弟子的关爱之情。

教学重点：

1. 感悟孔子与其弟子之间相互尊重、相互平等的师生关系。

2. 学习孔子对仁德的高度重视和执着追求。

教学方法："问题对话"式。

教学时数：1 课时。

教学过程：

一、积累梳理

组织学生课前预习课文内容，积累梳理孔子的教育思想及文言文词语、句式等，为探究活动奠定基础。

（一）知人论世，开阔视野

活动设计：分组梳理，归纳明确下面的内容。

1.《论语》评说。

明确:《论语》记载孔子(前551—前479)及其弟子的言行,由孔子弟子及再传弟子纂录而成。《论语》在战国初年编辑成书。《论语》中每篇文章的标题取自首章首句中的两个字,各篇之间没有时间的先后顺序,每篇内各章之间也没有共同的主题。作为说理文,《论语》还很幼稚。不过,先秦说理文的一些文体特征,在《论语》中已有体现。语录体是《论语》文体的基本特征,它或是记录孔子的只言片语,或是记录孔子与弟子及时人的对话,都比较短小简约,还没有构成单篇的、形式完整的篇章。

书中也有些较长的段落,如"先进"篇中的"子路、曾皙、冉有、公西华侍坐",详细记载孔门师生间的一场谈话,叙述清楚,通过一定的描写表现了人物的不同个性。其作为叙事记言文字,比较成功,但与说理文显然还有一定距离。而"季氏"篇中的"季氏将伐颛臾"里孔子的几段话,针对性强,层次清晰,具有说理文的某些特点。《论语》这种在对话中说理的形式,直接影响了先秦说理文的体制。但语录体并不是《论语》文学价值的主要体现,《论语》的文学价值在于孔子及其弟子的形象、性格的表现,以及深刻平实、含蓄隽永的语言。

2. 佳句赏析。

活动设计:组织学生疏通重点文句、篇章,了解孔子的教育思想,丰富视野。

(1)子路问:"闻斯行诸?"子曰:"有父兄在,如之何其闻斯行之?"冉有问:"闻斯行诸?"子曰:"闻斯行之。"公西华曰:"由也问闻斯行诸,子曰:'有父兄在';求也问闻斯行诸,子曰:'闻斯行之'。赤也惑,敢问。"子曰:"求也退,故进之;由也兼人,故退之。"(《论语·先进》)

译文:子路问:"听到了道理就马上行动吗?"孔子说:"有父兄在,如何能(不请示父兄)马上行动呢?"冉有问:"听到了道理就马上行动吗?"孔子说:"听到了道理就马上行动。"公西华(问孔子)说:"仲由问'听到了道理就马上行动吗',您说'有父兄在';冉有问'听到了道理就马上行动吗',您却说'听到了就马上行动'。这使我迷惑,所以大胆地问问(为何回答不同)。"孔子说:"冉有做事畏缩不前,所以要鼓励他大胆前进一步;仲由一个人能顶两个人,所以要抑制约束他慎重地退后一步。"

(2)子曰:"知之者,不如好之者;好之者,不如乐之者。"(《论语·雍也》)

译文:孔子说:"(对任何事业,)知道它的人,不如爱好它的人;爱好它的人，不如以实行它为快乐的人。"

（3）子曰："中人以上，可以语上也；中人以下，不可以语上也。"（《论语·雍也》）

译文：孔子说："对中等水平以上才智的人，可以讲高深的知识学问；对中等水平以下才智的人，不可以讲高深的知识学问。"

（4）子曰："默而识之，学而不厌，诲人不倦，何有于我哉。"（《论语·述而》）

译文：孔子说："默默地记住（所见所闻所学的知识），学习永不满足，耐心地教导别人而不倦怠，（这三方面）我做到了哪些呢？"

（5）子曰："不愤不启，不悱不发，举一隅不以三隅反，则不复也。"（《论语·述而》）

译文：孔子说："（教学生）不到他苦思冥想而仍领会不了的时候，不去开导他；不到他想说而又说不出来的时候，不去启发他。告诉他（方形的）一个角，他不能推知另外三个角，就不要再重复去教他了。"

（6）子以四教：文，行，忠，信。（《论语·述而》）

译文：孔子从四个方面教育学生：历史文献，行为典范，忠诚老实，讲究信用。

（二）通读文本，疏通字词

活动设计：将下列任务分配给各小组，分工合作归纳整理。

1. 读准字音。

2. 一词多义。

3. 词类活用。

4. 掌握通假字。

二、精读文本，质疑析疑

活动设计：学生提出问题，组织学生讨论加以解决。

1. 找出第一节中的两个比喻，说明这两个比喻的作用。

明确："他人之贤者，丘陵也"，"仲尼，日月也"。

子贡把他人比作丘陵，把孔子比作日月，通过日月和丘陵的对比，说明了孔子的才德是他人无法超越的。

2. 当子贡反驳子禽的话时说道："君子一言以为知，一言以为不知。"请辨析子贡这句话所说的对象是谁。

明确：子贡的这句话说的是子禽。因为子禽说孔子不如子贡贤明，子贡的话是对子禽一种不客气的反驳，甚至可以说有点恼怒的成分。他认为子禽这样说是不明智的，是一种愚蠢的行为，因而紧接着就有一句："言不可不慎也！"可以说是对子禽的警告之语。接下来的话语，子贡用极其夸张的言辞对孔子的高尚德操和巨大影响进行了渲染和介绍，这样，子禽的话就不攻自破，难以立足了。

3. 如何理解"仰之弥高，钻之弥坚"？

明确：这是颜渊赞叹老师孔子及其学说的话。意思是越是抬头看，就越觉得高远；越是用劲钻研，就越觉得深邃。后常用以表达对伟人或某种学说的赞叹、仰慕之情。

做学问者往往有这样的体会：以学问来充实，但此心总有不满足的时候，想要停止都做不到，于是不停地进取。

4. 当孔子谈到师生如何相处时，他说："当仁，不让于师。"这体现了孔子怎样的人格魅力？

明确：孔子特别重视师生关系的和谐，强调师道尊严，在一般情况下，学生不可违背老师。但是，孔子提出，遇到行"仁"的事情的时候，对老师也不必谦让，是把实现仁德摆在了第一位，把"仁"作为衡量一切是非善恶的最高准则。

三、疑难点析

活动设计：教师提出问题，组织学生讨论；对学生理解有困难的地方，教师要"到位"，但不"越位"，充分发挥主导作用加以点析。

1. 孔子为什么说"吾与点也"？

明确：我们在《论语·公冶长》里已见到过子路、颜渊和孔子在一起谈论志向。孔子的志向是："老者安之，朋友信之，少者怀之。"即让老有所乐，壮有所为，幼有所养，老、壮、少三代都有着落，社会安定，天下太平，人人过着美好的生活。一言以蔽之，也就是实现天下大同的理想境界。而曾皙所描绘的那一幅优哉游哉、老少同乐的太平图景，不正是这样一种境界的生动写照吗？

表面上看来，曾皙并没有谈论什么治国平天下的大事，而只是谈谈风月，说说游玩。但实际上，他所描绘的，是远较子路等人的志向更为高远的境界。如果说子路等人的胸怀至多还在小康国家，那么，曾皙所瞻望的，则已经是大同世界了。这就叫举重若轻，四两拨千斤。难怪孔子要由衷地发出赞叹来了。

2. 孔子与弟子的讨论、闲谈在全篇中俯拾皆是，这样写的作用是什么？

明确：文章用较大的篇幅介绍了孔子与弟子之间的讨论和闲谈，主要体现了孔子作为一个成功教育家的重要的教育思想。以师生平等的心态来从事教育工作，并且以一种真诚、深厚的情感来对待学生，才能在学生中形成一个高大的形象。以这样一种日常生活的交往、言谈的写法来体现文章的主旨，使文章显得更加丰富多彩、真实可信。

3. 第10则是怎样运用语言来充分体现人物的性格特征的？

明确：第10则中的人物个个形象鲜明，性格突出。子路的轻率急躁，冉有的谦虚，公西华的委婉曲致，尤其是曾皙的高雅宁静，都给人留下了极其深刻的印象。至于孔子，春风化雨，循循善诱，更是体现得出神入化、异常生动。

从他们发言的内容来看，也是各有特色，很好地体现了人物的性格。子路开口就是治理"千乘之国"，拥有一千辆兵车的国家，在当时算是大型的诸侯国了。而且，这个国家，照子路的设想，当时正处在危难之中。所以，他是希望受命于危难之际，通过自己三年的努力而达到大治。一副力挽狂澜的架势，不仅有他一贯豪侠的英雄气概，还有大政治家的气魄。冉有则是一个谦谦君子，自认只能治理方圆六七十里或五六十里的小国家，而且必须要三年才使老百姓的物质生活达到小康，至于礼乐方面的精神文明建设，自己则无能为力。

如果说冉有是谦谦君子，那公西华就更是委婉曲致了，他压根儿就不提治理国家的事，甚至说自己根本就不能做什么事业，而只是可以学习学习，在宗庙或外交场合做一个小小的司仪罢了。其实，这个司仪并不小，相当于今天的秘书长或总务官之类的角色。所以孔子最后说："赤也为之小，孰能为之大？"认为他实际上还是在说治理国家。实际情况也的确如此。子路的豪侠气魄也罢，冉有的谦逊也罢，公西华的委婉曲致也罢，说的都是治理国家的志向，只有曾皙来了一通完全不同的说法，一句话也没有谈到国家大事，而只是描绘了一种优哉游哉的春游境界，一幅老少同乐的"清明上河图"。

妙就妙在孔子的态度，对于子路，他不仅没有赞许，反而会心地笑了一笑，略带讥讽的味道。对谦逊的冉有和委婉的公西华也不置可否，却偏偏对那个不说国家大事而说春游的曾皙由衷赞叹。

4. 选文在语言表达上有什么特点？请举例分析。

明确：本节所选的孔子及其弟子的言论非常奇妙。子贡、颜回赞美孔子的话，简直是称颂人品学问的典范之语，千百年来很难再见到更精彩的说法了。孔子因为冉耕患病，反复说"斯人也而有斯疾也"；而对颜回去世，反复说"天丧予"；因为子路生气，而反复说"天厌之"。这些话或表达感慨，或抒发哀痛，或显示诚心，用字不多，却淋漓尽致。至于孔子称赞颜回的那一段话，共二十八字，而"回也"二字重复了三次，"贤哉"二字重复两次，且又多出了"人不堪其忧"五字，此章正因为多出了以上这些字，而富有文学性，充分表达出孔子称赞颜回的情感。"人不堪其忧"五字，正是称赞颜回的反衬，是加倍渲染。此章正因为能多用复字复句，又从反面衬托，所以表现赞叹的情味十分充足。

四、教师总结

本课所录选文分别从弟子对孔子的态度和评价、孔子对自己的态度和评价及孔子对弟子的态度和评价三个方面来刻画孔子的形象，既展现了孔子与其弟子之间相互尊重、相互平等的师生关系，又表现了孔子对仁德的高度重视和执着追求。

比较阅读：

阅读下面《论语》和《孟子》选段，完成后面的题目。

子曰："君子去仁，恶乎成名？君子无终食之间违仁，造次必于是，颠沛必于是。"（《论语·里仁》）

译文：孔子说："君子如果失去了仁德，又怎么能叫君子呢？君子没有一顿饭的时间是背离仁德的，在最紧迫的时刻是这样，颠沛流离的时候，也是这样。"

孟子曰："今之事君者曰：'我能为君辟土地，充府库。'今之所谓良臣，古之所谓民贼也。君不乡道，不志于仁，而求富之，是富桀也。"（《孟子·告子下》）

译文：孟子说："如今服事国君的人都说：'我能为国君开拓土地，充实府库。'如今所说的好臣子，正是古代所说的残害百姓的人。国君不向往道德，不立志行仁，却想让他富有，这等于是让夏桀富有。"

问题一：在两个选段中，孔子和孟子的观点有何相同之处？请概括。

答案：勉励人们践行仁道。

问题二：为什么孟子会认为现在所谓的"良臣"是古人所谓的"民贼"？请简要分析。

答案：因为真正的"良臣"应该引导君主趋向道义，立志求仁；而现在所谓的"良臣"却在帮暴君开辟疆土、侵略邻国，搜刮财富、充实府库，这样只会损害百姓，所以是古人所谓的"民贼"。

《当仁，不让于师》是整本书《先秦诸子选读》群文《论语选读》里面的内容。本则教学设计旨在引导学生通过阅读传统文化经典作品《论语》，继承和弘扬中华优秀传统文化。案例先开展积累与梳理活动，使学生把握古今汉语词义的异同；疏通文句，提高学生的文言文阅读能力，做到对中华优秀传统文化作品的准确理解。本则教学设计采用单篇选文精读的方式，启发学生针对重点、难点提出有价值的问题，培养学生独立思考的能力；在"疑难点析"环节中，针对疑难点问题，聚合集体智慧，逐一攻破，意在培养学生的探究精神；为加强学生理性思考，深入把握和理解孔子"仁德"的核心，设置比较阅读环节，培养学生的创新思维能力。本则教学设计将问题贯穿于整个教学活动中，遵循学生认知规律，问题设计由浅入深，呈现层递状态。活动设计以学生为主体、教师为主导，做到教师"到位"不"越位"。在难点问题的突破上采取多种方式，力求达成目标。

案例二：《名著导读〈三国演义〉》导读设计简案

教学目标：

1. 了解三国故事，激发学生的阅读兴趣。

2. 学会积累语言素材，不断丰富自己的知识。

3. 通过分析、评价三国人物，不仅使学生对人物有了一定的了解和认识，而且让学生养成勤思考、善分析的读书习惯。

教学重点：激发学生的阅读兴趣，不断丰富学生的课外知识。

教学难点：通过分析、评价三国人物，不仅使学生对人物有了一定的了解和认识，而且让学生养成勤思考、善分析的读书习惯。

教学方法："问题对话"式。

教学步骤：

一、激情导入

播放高亢浑厚、意境深邃悠远的电视剧《三国演义》的主题曲，引入课题。

补充：《三国演义》已经扬名海内外，俄国汉学家称赞该书是"一部真正丰富人民性的杰作"。法国学者认为"在历史小说中，《三国演义》是最著名的一部"。在崇拜英雄的美国社会，人们夸奖《三国演义》是"描写英雄业绩的一部早期的杰作"。英国学术界一致推荐《三国演义》为"史诗般的作品"。而在中国的古典小说中，《三国演义》享有崇高的地位。近三百年来，《三国演义》向来被称为"第一才子书"。

二、初读目录，筛选信息

1. 从目录中可以读出哪些有助于了解整本书内容的信息？

2. 作为一部长篇章回体小说，哪些信息最值得我们关注呢？

三、细读目录，梳理整合

1. 从目录来看，《三国演义》的主要人物有哪些？

2. 围绕这些人物又发生了哪些重要事件呢？

3. 你能不能根据平时对这段历史的了解，将这些主要事件做一个大致的阶段划分？

4. 在这些主要事件中，有三场最重要的战役，是哪三场？

5. 关于这篇小说的环境、时代背景能从目录中知其大概吗？

四、研读目录，合作探究

人物的称谓为什么会有这么多变化？

曹操：孟德、曹公、曹操、阿瞒、国贼、汉贼、奸雄。

刘备：刘皇叔、刘玄德、刘豫州、刘先主、汉王。

诸葛亮：孔明、卧龙、丞相、武侯、武乡侯。

五、归纳总结，提炼方法

1. 提高阅读效率：在短时间内了解一本大部头的概貌。

2. 了解原著的整体信息：主要人物、情节线索、结构框架、情感倾向、创作背景、文化内涵。

清代著名历史学家、经学家、考据学家王鸣盛在《十七史商榷》中写道："凡读书最切要者，目录之学。目录明，方可读书；不明，终是乱读。"

六、合作探究，赏析评价

1. 曹操——治国之能臣，乱世之奸雄。这位自称英雄的人物有哪些"英雄"的壮举呢？

提示：对于曹操这个人物的评价，应全面、客观，要一分为二地看待。不能仅仅凭借个人的好恶去评析，他之所以给许多读者留下了"奸"的印象，也是与作者罗贯中的"拥刘反曹"的正统思想分不开的。

2. 刘备——世之枭雄。他最令人佩服的地方在哪呢？

教师可以加以引导：刘备是罗贯中着力刻画的仁义之君。为了刻画他的仁义，作者还借他爱哭来加以表现：护庶民，他大恸；尊爱将，他边哭边摔子。

3. 诸葛亮——神机妙算之谋士。他给你留下了怎样的印象？

学生对这一人物都较为熟悉，所以应让学生自由发挥。

七、迁移训练，布置作业

1. 请为《三国演义》写一则三百字左右的内容简介。

2. 读《红楼梦》的目录，从中了解全书的概貌。

这是一则关于名著《三国演义》的导读设计。《三国演义》是我国文学史上的一朵奇葩，值得探究的内容比较多，在语言特色、艺术手法、思想内容等方面都具有较高的水准。但教学时数有限，不能面面俱到。因此，在教学中，注重培养学生的兴趣、提高学生的欣赏水平就显得非常迫切而现实了。名著导读的实质在于激发学生对名著自发、自觉的阅读激情。从这个角度出发，本则教学设计采用目录管窥阅读法。也就是说，学生通过阅读目录了解原著概貌、把握情节、分析人物形象等。名著导读课教学的实质意义在于交给学生阅读名著的钥匙。我们认为，目录管窥阅读法就是一把打开名著大门的"钥匙"。方法比知识重要，学生掌握了科学的方法，就能深入研读名著，汲取古典小说的丰富营养，从而启发学生热爱中国古典文学的思想感情，提高文化品位和审美情趣。

在高中语文阅读教学中开展传统文化教学，对培养学生的核心素养具有重要作用。教师通过相关教学方法的使用，能够帮助学生加深对中华优秀传统文化的正确认知与理解，从而实现传统文化在新时代高中生群体中的传承。

首先，充分发挥教师的教学引导作用。在高中教学当中，教师的个人魅力对学生学习态度与学习成绩具有很大的影响，将这一普遍规律作用于高中阅读教学当中，教师爱读书，才能引领学生的阅读兴趣。在高中阅读教学中开展传统文化教育，教师应与学生建立和谐、轻松的师生关系，学生喜欢看的流行小说，教师也应有所了解，并与学生交流，但不要直接否定这些流行小说，避免由此诱发学生的叛逆心理。在日常学习与交流中，教师应根据不同学生的阅读兴趣，以适当的方式向学生推荐经典文化读物。

其次，要激发学生的阅读兴趣，培养学生的阅读习惯。在高中教材的编写过程中，学生必修篇目都是经过慎重选择的，将其用于高中语文阅读教学当中，开展传统文化教育，能够有效吸引学生的阅读兴趣。在引发学生阅读兴趣之后，还要重视学生阅读习惯的培养。在高中语文阅读教学中开展传统文化教育，就十分有利于培养学生的阅读习惯。在传统文化著作当中，有很多短小精悍的经典作品或篇章，十分适用于背诵，学生对经典作品的背诵，便于学生在日常交流中的引用，从而提升学生的自信心，进一步巩固学生阅读、背诵、反复阅读的良好习惯。在应用过程中，学生还能对文中所表达的古人的优秀品德、生活态度、智慧等进行深刻的理解与学习。

最后，要将课内学习与课外探究相结合。语文学习是学生领会文本、发现问题、领会意义的一种思维活动，从发现的角度来说，文本的意义是读者通过阅读活动发掘出来的。它要求学生根据已有的知识储备、学习经验来主宰自己的思维活动，建构新的知识和意义，达到个性鲜明的深刻理解。学生在语文学习活动中，不应该只是接受精心设计的提问和机械的训练，而是要成为学习的主人，从文本和现实中吸收人文的养料，建构自己的知识结构，充实自己的精神世界，即提高知、情、意、心各方面的素质，做到善于学习、善于审美、善于创造。为了促进学生在学习中感受体验传统文化的精髓，教师要尊重学生的主体性，让学生自主阅读、发现、创造；提倡学生独立思考，养成多角度研究问题的习惯，鼓励求疑、创新，允许学生有不同的看法；加强学生的语文实践和生活历练等方面的能力，让学生在主体性活动中获得发展。师生间促进教学交往、对话、互动和经验共享，教师引导学生进行自主、合作、探究，鼓励尊重心灵舒展、精神个性的创造，让课堂形成富有生命活力、海纳百川的氛围。

后 记

写作本书的初衷是我对基础教育的认识，更是对语文教学现状的思考。这种认识和思考是建立在对自己和他人教学行为基础之上的。

历览中国基础教育改革，大都是从课堂教学改革开始的。无论是课堂教学理念的变化还是教学方法、手段的革新，其根本目的都是培养能适应社会发展的一代新人。培养、造就血肉丰满的"人"是持久、复杂而艰巨的系统工程，需要宏观教育政策的引领和微观教学行为的坚守。育人理念作为教育教学的灵魂固然重要，它直接导向具体的课堂教学。从这个角度出发，课堂教学就是落实育人目标的场域和归宿。在众多教学行为中，"问题"和"对话"无时不在。这似乎构成了课堂教学的全部，也是师生必然置身其中的活动场景。

昂首阔步迈入新时代的普通高中新课程改革自 2004 年起航至今，在课程设置、教学方式、学生评价、考试制度等方面都做了有益的探索并发生了显著的变化。这些探索的初衷和现实的变化无疑是积极向新课程改革核心价值取向即造就自主发展的人靠拢，从而实现教育要为幸福人生奠基，为实现中国梦培养好公民的教育终极目的。在新课改的推动下，教学方式和学习方式虽发生了明显变化，但新课程倡导的让学生全面而有个性地发展的精神要义并未在课堂教学中真正贯彻。

回首来时路，欢喜的背后亦有切肤之痛。我们确实发现教师的启发式教学多了，学生提问和发言多了，课堂气氛也变得活跃了。在"互联网＋"时代，现代信息技术手段的大量使用，教学行为较前发生了翻天覆地的变化，但也伴随着一些不容否认的新问题。课堂教学的实质是引导学生在独立自主的思维过程中感悟新知识，获得新发现，受到新启发。在课堂中学生自主学习、分组讨论的形式并不鲜见，但有时热闹的讨论之后却收获甚少。这样的教学难免流于形式，不重内涵，有其名无其实。究其原因，长期以来，我们适应了以升学率、考试成绩为标准的终端评价，课程改革的理想蓝图与现实的机械评价相碰撞，课堂教学方式未发生实质性的变革。新课程理念原本倡导的自由、民主、和谐的课堂气氛依然是沉闷、闭塞的。在这种现实境遇中，学生学科核心素养的培养目标很难彻底落实到课堂教学中。

基于对对话教学思想的考察，面对教育改革发展趋势，针对课堂教学实际，特别是语文阅读教学现状，我认识到，语文教学只关注对话的形成，忽视了问题的存在，或者说没有把对话与问题置于同一教学系统中理解和运用。教学中的问题设置应该具有科学性、情境性、层次性、互动性；对话教学应该具有多向性、价值性以及差异性。问题是对话的基础和核心，对话生成问题。对话教学是一种基于问题的教学，其实质是针对对话产生的问题开展教学活动。"问题对话"式教学重视学生在教学中的主体地位，它重视和鼓励作为主体的学生在与教师的教学对话过程中勇敢地提出问题，大胆地表达富有个性色彩的观点、思想。

在写作本书时，我特别重视将理论和实践结合起来。本书围绕"问题对话"式教学分为两篇：上篇为"问题对话"教学范式，由五章内容组成。本篇在分析课堂教学现状的基础上，提出优化策略，以对话教学理论为支撑，建构性地提出"问题对话"教学范式，并揭示其内涵，勾画出基本流程，阐述了"问题对话"式教学所遵循的具体教学方法。下篇为"问题对话"式教学实践。主要依据"问题对话"式教学，结合语文学科特点，从阅读与鉴赏、写作与交际、梳理与探究、中华传统文化专题等维度对"问题对话"教学范式加以验证。为克服个人认识的浅陋和思考的不足，写作本书过程中我汲取了前人的智慧养分，并融入自己的精神血液中。在此，向提供案例的老师们表示谢意！

"学而不思则罔，思而不学则殆。"工作二十多年来，我怀着育人的使命，忐忑行走在三尺讲台，丝毫不敢马虎和懈怠，追求做一名让学生满意的"良师"，值得学生信赖的"益友"。我始终思考教育存在的问题，深感自不量力，更不断反思自身的教学行为，往往有所得、有所悟。于是难掩激动的心情，写下本书。写作本书的目的当然是想成为一名良师益友，同时求教于方家，得到批评，能对自己成长有所裨益。

涓涓细流汇成江海，点滴之恩涌泉相报。感谢暨南大学出版社编辑曾鑫华、高婷的辛勤付出。感谢我的大学恩师——宁夏大学副校长、教授、博士生导师郎伟先生。郎老师完善的人格、丰富的学识和严谨求实的学术精神浸润我一生。在本书出版之际，郎老师礼贤下士不吝指导，在百忙之中通读文稿为拙作作序，我倍感荣幸。感谢中卫中学前任校长、特级教师王建国先生，他的真知灼见时常能启迪我，使我的心扉顿开。感谢大学同窗好友、宁夏地方志办公室主任、高级编审贠有强先生的数次鼓励，他为本书提出了许多建议和意见。

还要感谢中卫中学的领导和老师们，他们从精神到行动给予我鼓励和帮助。最后要感谢我的家人，在我最煎熬的日子里，他们携手给我温暖和希望。

欣逢盛世，我们成长在这样一个聚天下英才而用之的美好时代，深感幸运和自豪。本书的出版得到宁夏青年拔尖人才工程项目的专项资助。在此，感谢组织的培养，感谢学校的支持！

感谢你们——我的老师、同学、同事、朋友及家人。你们是我头顶高悬的明灯，感谢一路有你们！

作　者

2020 年 6 月于宁夏中卫